# INGLÉS PARA LA MUJER

# INGLÉS PARA LA MUJER

Grupo Editorial Tomo, S.A. de C.V.,
Nicolás San Juan 1043,
03100, México, D.F.

1a. edición, noviembre 2011.


Nicolás San Juan 1043, Col. Del Valle. 03100, México, D.F.
Tels. 5575-6615 • 5575-8701 y 5575-0186
Fax. 5575-6695
http://www.grupotomo.com.mx
ISBN-13: 978-607-415-346-0
Miembro de la Cámara Nacional
de la Industria Editorial No. 2961

Diseño de portada: Karla Silva
Imágenes interiores: Emigdio Guevara, Ricardo Sosa y Kevin Daniels
Diseño tipográfico: Tato Garibay
Supervisor de producción: Leonardo Figueroa



*Impreso en México - Printed in Mexico*

# Contenido

# La familia – the family (*de* famili)

| Español | Inglés | Pronunciación |
|---|---|---|
| 1. familiar | relative | (RELativ) |
| 2. esposo | husband | (*JUS*band) |
| 3. esposa | wife | (uaif) |
| 4. padre | father | (FAD*er*) |
| 5. madre | mother | (M*OD*er) |
| 6. papá | dad | (d**a**d) |
| 7. mamá | mom | (m**o**m) |
| 8. padres | parents | (PERents) |
| 9. hijo | son | (son) |
| 10. hija | daughter | (DOT*er*) |
| 11. hijos | children | (CHILdren) |
| 12. sobrino | nephew | (NEFiu) |
| 13. sobrina | niece | (nis) |
| 14. abuelo | grandfather | (grandFAD*er*) |
| 15. abuela | grandmother | (grandMOD*er*) |
| 16. hermano | brother | (BROD*er*) |

9 son
2 husband
3 wife
19 aunt
13 niece
6 dad
7 mom
18 uncle
1 relative
11 children
17 sister
4 father
5 mother
10 daughter
14 grandfather
15 grandmother
12 nephew
8 parents
20 cousin
16 brother

| | | |
|---|---|---|
| 17. hermana | sister | (SISt*er*) |
| 18. tío | uncle | (unkl) |
| 19. tía | aunt | (**a**nt) |
| 20. primo(a) | cousin | (C*O*Sin) |

## FRASES ÚTILES:

| | |
|---|---|
| Mi padre tiene ____ años. | My father is ____ years old (mai FADer is ____ iers ould). |
| Mi primo vive en ____________. | My cousin lives in ______ (mai C*O*Sin livs in ______ ). |
| Mi tío ya es viejo. | My uncle is an old man (mai unkl is an ould man). |
| Mi sobrina es muy joven. | My niece is very young (mai nis is veri iong) |
| Estoy casado. | I am married (ai am MARid). |
| Ella no está casada. | She is not married |

| | |
|---|---|
| | (shi is not MARid). |
| Tenemos tres hijos. | We have three children (ui jav *zri* CHILdren). |
| Mi esposo es mecánico. | My husband is a mechanic (mai J*O*Sband is a meKAnic). |
| Tengo ___ hermanos y ____ hermanas. | 1 have ____ brothers and ____ sisters (aijav ____ BR*ODers* and ____ SIS*ters)*. |
| Mi hermano conduce un taxi. | My brother drives a taxi (mai BR*ODer* draivs e taxi). |

**FRASES ÚTILES:** del verbo ser o estar —am, are, is— y adejtivos posesivos —my, your, his, her, their.

| | | |
|---|---|---|
| I am | your | mother |
| You are | my | father |
| They (Luis an Tere) are | his | children |

| | | |
|---|---|---|
| He (Miguel) is | her | husband |
| She (María) is | their | mother |
| | | dad |
| | | mom |
| | | son |
| | | daughter |
| | | children |
| | | nephew |
| | | niece |

## PREGUNTAS

| | | |
|---|---|---|
| Am I | your | grandfather? |
| Are you | my | grandmother? |
| Is he | her | brother? |
| Is she | his | sister? |
| Are we | its | owners? |
| Are they | their | uncle? |
| | | aunt? |
| | | cousin? |

## RESPUESTAS CORTAS:

| | |
|---|---|
| Yes, I am. | No, I'm not. |
| Yes, you are. | No, you aren´t. |
| Yes, he is. | No, he isn't. |
| Yes, she is. | No, she isn't. |
| Yes, they are. | No, they aren't. |

# LA CASA -THE HOUSE (DE JAUS)

| Español | Inglés | Pronunciación |
|---|---|---|
| 1. sótano | basement | (BEISment) |
| 2. planta baja | ground floor | (graund flor) |
| 3. primer piso | first floor | (fi*r*st flor) |
| 4. desván | loft | (loft) |
| 5. tejado | roof | (ruf) |
| 6. techo (int.) | ceiling | (SILing) |
| 7. pared | wall | (uol) |
| 8. chimenea | chimney | (CHIMni) |
| 9. balcón | balcony | (BALkoni) |
| 10. pasillo | hall | (*j*ol) |
| 11. puerta | door | (dor) |
| 12. ventana | window | (UINdou) |
| 13. tubos | pipes | (paips) |
| 14. garaje | garage | (gaRAY) |
| 15. cuarto de herramientas | tool shed | (tul shed) |

| | | |
|---|---|---|
| 16. terraza | terrace | (TERes) |
| 17. escalones | steps | (steps) |
| 18. escaleras | stairs | (steirs) |
| 19. calentador | heater | (JITer) |
| 20. cerradura | lock | (lok) |
| 21. cerca | fence | (fens) |

**FRASES ÚTILES:** con el vocabulario de la página 11.

| | |
|---|---|
| ¿Quién limpió el (la) ________? | Who cleaned the ________? |
| Yo (ai) | I cleaned the ______ (ai clind *de* ______). |
| Tú (iu) | You cleaned the ______ (iu clind *de* ______). |
| Él (ji) | He cleaned the ______ (ji clind *de* ______). |
| Ella (shi) | She cleaned the ______ (shi clind *de* ______). |

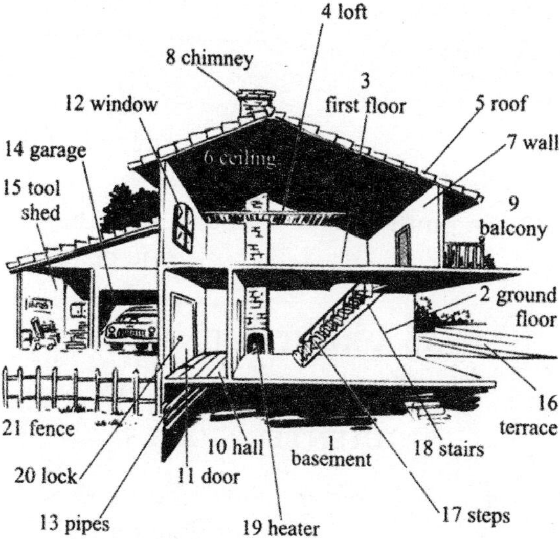
4 loft
8 chimney
3 first floor
12 window
5 roof
14 garage
7 wall
6 ceiling
15 tool shed
9 balcony
2 ground floor
16 terrace
21 fence
10 hall
1 basement
18 stairs
20 lock
11 door
13 pipes
19 heater
17 steps

| | |
|---|---|
| Nosotros (ui) | We cleaned the ______ (ui clind *de* ______). |
| Ustedes (iu) | You cleaned the ______ (iu clind de ______). |
| Ellos (dey) | They cleaned the ______ (dey clind *de* ______). |
| ¿Quién pintó el (la) ________? | Who painted the ______? (ju peinted de ______?). |

## SI VAS A RENTAR UNA CASA, PUEDES UTILIZAR LAS SIGUIENTES FRASES:

| | |
|---|---|
| ¿Cuánto es la renta? | How much is the rent? (*j*au much is *de* rent?). |
| ¿Por cuánto tiempo es el contrato? | How long is the lease? (*j*au long is *de* liis?). |
| Puedo pagar la renta. | I can afford the rent (ai can *a*FORD *de* rent) |

| | |
|---|---|
| Somos cuatro en la familia. | We are four in the family (ui ar for in *de* FAMili). |
| ¿Cuándo podemos mudarnos aquí? | When can we move in? (*j*uen can ui muv in?). |
| ¿Puede darme un recibo por mi depósito? | Can you give me a receipt por mi for my deposit? (kan iu giv mi a riCIT for mai dePOsit? |
| La ventana está rota. | The window is broken *(de* UINdou is BROUken). |

| | | |
|---|---|---|
| La puerta | the door | *(de* dor) |
| El techo | the roof | *(de* ruf) |
| El piso | the floor | *(de* flor) |

| | |
|---|---|
| La cerradura está descompuesta. | The lock doesn't work *(de* lok *dosnt* uork). |

| | | |
|---|---|---|
| La llave del agua | the faucet | (*de* FOCet) |
| el tubo | the pipe | (*de* paip) |

El techo está goteando. — The roof is leaking. (*de* ruf is LIKing)

# La cocina

| **Español** | **Inglés** | **Pronunciación** |
|---|---|---|
| 1. horno de microondas | microwave oven | (MAIcroueiv ouven) |
| 2. refrigerador | refrigerator | (reFRIyeREltr) |
| 3. congelador | freezer | *(FRIser)* |
| 4. armario | cupboard | (CUPbord) |
| 5. cajón de los cubiertos | cutlery drawer | (CUtleri dror) |

| | | |
|---|---|---|
| 6. estufa | stove | (stouv) |
| 7. horno | oven | (OUven) |
| 8. batidora | mixer | (MIXer) |
| 9. enchufe de pared | wall socket | (uol SOket) |
| 10. olla | pot | (pot) |
| 11. fregadero | sink | (sink) |
| 12. escurridor de platos | dish drainer | (dish DREIner) |
| 13. lavavajillas | dish washer | (dish UAsher) |
| 14. tostador de pan | toaster | (TOUSter) |
| 15. silla | chair | (cher) |
| 16. mesa | table | (TEIbl) |

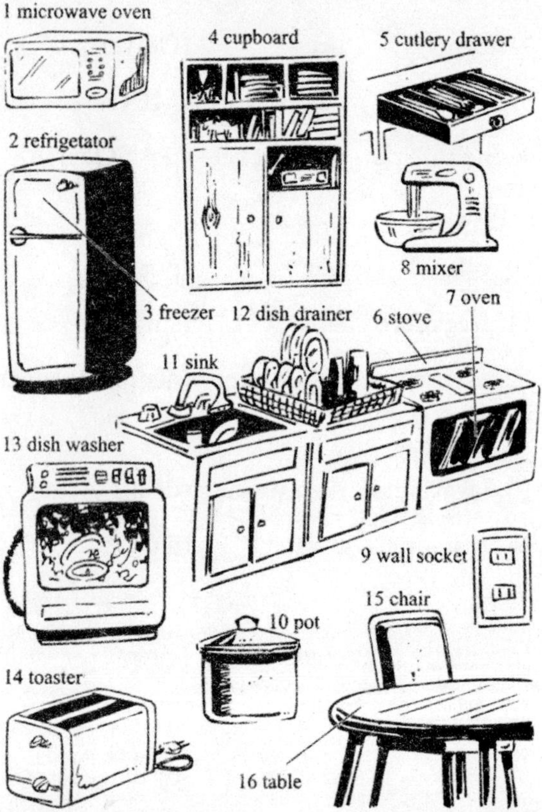
1 microwave oven
2 refrigetator
3 freezer
4 cupboard
5 cutlery drawer
6 stove
7 oven
8 mixer
9 wall socket
10 pot
11 sink
12 dish drainer
13 dish washer
14 toaster
15 chair
16 table

# El comedor – The dining room (de DAIning rum)

| Español | Inglés | Pronunciación |
|---|---|---|
| 1. mesa | table | (TEIbl) |
| 2. mantel | table cloth | (TEIbl cloz) |
| 3. mantel individual | place mat | (pleis mat) |
| 4. plato sopero | soup plate | (sup pleit) |
| 5. plato | plate | (pleit) |
| 6. sopera | soup turteen | (sup *turTIN)* |
| 7. vaso de vino | wine glass | (uain glas) |

| | | |
|---|---|---|
| 8. silla | chair | (cher) |
| 9. cortinas | curtains | (KERtins) |
| 10. alfombra | carpet | (KARpet) |
| 11. estante | shelf | (shelf) |
| 12. aparador | side board | (said bord) |
| 13. vitrina | cabinet | (KAbinet) |
| 14. taza de café | coffee cup | (KOfi cup) |
| 15. platillo de la tasa | saucer | *(SOser)* |
| 16. jarrita de la leche | milk jug | (milk yug) |
| 17. azucarera | sugar bowl | (SHUgr bol) |

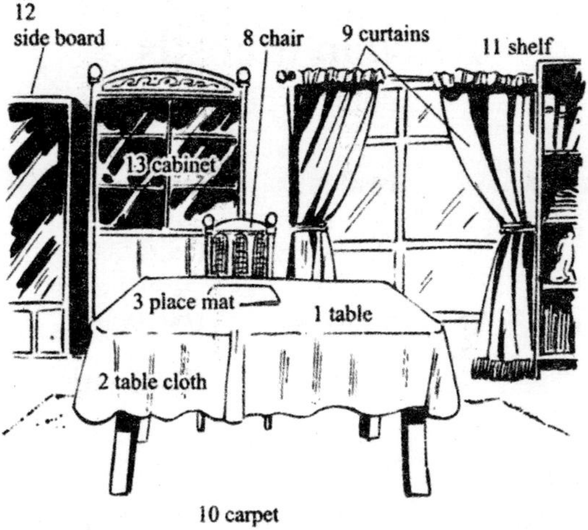
12
side board
8 chair
9 curtains
11 shelf
13 cabinet
3 place mat
1 table
2 table cloth
10 carpet

4 soup plate
5 plate
6 soup turteen
7 wine glass
14 coffee cup
16
milk jug
15
saucer
17
sugar
bowl

# Utensilios de cocina – Kitchen utensils

(KITchen iuTENsils)

| Español | Inglés | Pronunciación |
|---|---|---|
| 1. cuchara de madera | wooden spoon | (UUDen spun) |
| 2. sartén | frying pan | (FRAing pan) |
| 3. batería de cocina | pan set | (pan set) |
| 4. tapadera | lid | (lid) |
| 5. sacacorchos | corkscrew | (Cork skru) |
| 6. cafetera | coffee pot | (KOfi pot) |

## FRASES ÚTILES:

| | |
|---|---|
| Hay un _____ en la cocina. | There's a _____ in the kitchen *(ders e* _____ in *de* KIT chen). |
| El (la) _____ está en la cocina. | The _____ is in the kitchen *(de* _____ is in *de* KITchen) |

| | |
|---|---|
| ¿Dónde está el (la) _____? | Where is the _____? (juer is *de* _____?) |
| Está en la cocina. | It's in the kitchen (its in *de* KITchen). |

## Accesorios de mesa – Tableware and cutlery
### (TElbl uer and CUTleri)

| Español | Inglés | Pronunciación |
|---|---|---|
| 1. plato de postre | dessert plate | (diSERT pleit) |
| 2. cuchillo | knife | (naif) |
| 3. tenedor | fork | (fork) |
| 4. cuchara | table spoon | (TEIbl spun) |
| 5. cucharita | tea spoon | (ti spun) |
| 6. servilleta | napking | (NAPkin) |
| 7. salsera | sauce boat | (sos bout) |
| 8. panera | bread basket | (bred BASket) |
| 9. panecillo | roll | (rol) |

| | | |
|---|---|---|
| 10. rebanada de pan | slice of bread | (slais of bred) |
| 11. ensaladera | salad bowl | (SAlad bol) |
| 12. pan tostado | toast | (toust) |
| 13. mantequi-llera | butter dish | *(BUter* dish) |
| 14. frutero | fruit bowl | (frut bol) |

## FRASES ÚTILES:

| | |
|---|---|
| Pon el (la)_____. sobre la mesa. | Put the ____ on the table (put *de* on *de* teibl). |
| ¿Hay un (una)_____. en el comedor? | Is there a _____ in the dining room? (is *der e* _____ in de daining rum?) |
| Sí hay. | Yes, there is (ies *der* is). |
| No hay. | No, there isn't (nou, *der* isnt). |

8 bottle
9 indoor plant
3 armchair
4 seat cushion
5 sofa
7 ashtray
1 bookshelf
6 coffee table
2 televisión set

# La sala – The living room
## (de Living rum)

| Español | Inglés | Pronunciación |
|---|---|---|
| 1. estante | bookshelf | (buk shelf) |
| 2. televisor | televisión set | (TEle VIshn set) |
| 3. sillón | armchair | (arm chef) |
| 4. cojín del asiento | seat cushion | (sit KVshn) |
| 5. sofá | sofa | (SOVfa) |
| 6. mesa de centro | coffee table | (KOfi teibl) |
| 7. cenicero | ashtray | (ash trei) |
| 8. botella | bottle | (BOtl) |
| 9. planta de interior | indoor plant | (indor plant) |

## FRASES ÚTILES:

| | |
|---|---|
| Compré un (una) _____ para la sala. | I bought a _____ for the living room (ai bot e for de living rom). |
| Tenemos un (una) _____ en la sala. | We have a _____ in the living room (ui hav e _____ in de living rom). |
| Estoy puliendo el estante. | I'm polishing the bookshelf (aim POLishing *de* buk shelf). |

Puede variar esta frase cambiando "estoy" para referirse a otras personas, y en vez de decir "books-shelf" puede mencionar otros muebles o partes de la casa:

| | |
|---|---|
| Estás puliendo la mesa. | You 're polishing the table (iur POLishing *de* teibl). |

| | |
|---|---|
| Luisa está puliendo sillas. | Luisa is polishing the chairs (Luisa is POLishing *de* chers). |
| Álvaro está puliendo la cabecera. | Álvaro is polishing the headboard (Álvaro is POLishing *de jed* bord). |
| Estamos puliendo las puertas. | We're polishing the doors (uir POLishing *de* dors). |
| Los muchachos están puliendo los pisos. | The boys are polishing the floors (de bois ar POLishing *de* flors). |

También puede utilizar otras acciones en vez de "polishing". Por ejemplo:

| | |
|---|---|
| Estás sacudiendo la mesa. | You're dusting the table (iur DUSting *de* teibl). |
| Luisa está limpiando | Luisa is cleaning the |

| | |
|---|---|
| las sillas. | chairs (Luisa is KLINing *de* chers). |
| Álvaro está pintando la cabecera. | Álvaro is painting the headboard (Álvaro is PEINTing *de* jed bord). |
| Estamos trapeando la terraza. | We're moping the terrace (uir MOPing *de* TERas). |
| Estoy barriendo la cocina. | I'm sweeping the kitchen (aim SUIPing *de* KITchen). |

# La recámara –The bedroom

## (de bed rum)

| Español | Inglés | Pronunciación |
|---|---|---|
| 1. cama | bed | (bed) |
| 2. cama matrimonial | double bed | (dobl bed) |
| 3. cabecera | headboard | (bed bord) |
| 4. colcha | bedspread | (bed spred) |
| 5. sábana | sheet | (shiit) |
| 6. colchón | mattress | (MATres) |
| 7. almohada | pillow | (PILou) |
| 8. funda de la almohada | pillow case | (pILou keis) |
| 9. lámpara de cabecera | reading lamp | (RIDing lamp) |
| 10. tocador | dressing table | (DRESing teibl) |
| 11. taburete del tocador | dressing stool | (DRESing stul) |
| 12. espejo | mirror | *(MIRor)* |

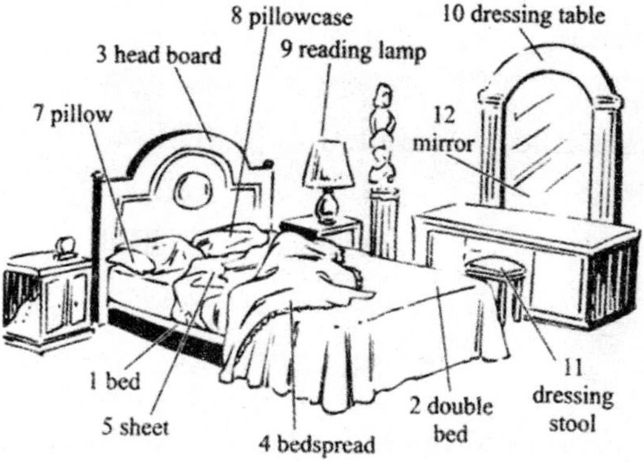


## ADJETIVOS (PUEDEN USARSE PARA DESCRIBIR LOS OBJETOS QUE YA HEMOS PRESENTADO).

| | | |
|---|---|---|
| Grande | big | (big) |
| Chico(a) | small | (smol) |
| Moderno(a) | modern | (MODern) |
| Antiguo(a) | old | (ould) |
| Blanco | white | (juait) |

| | | |
|---|---|---|
| Negro(a) | black | (blak) |
| Azul | blue | (blu) |
| Verde | green | (grin) |
| Café | brown | (braun) |
| Amarillo | yellow | (IELou) |
| Rojo | red | (red) |
| Violeta | purple | (P*U*Rpl) |

## FRASES ÚTILES:

| | |
|---|---|
| ¿Tienes un (una) _____en la recámara? | Do you have a _____ in the bedroom? (du iu hav *e* _____in *de* bed fUro?). |
| El (la) _____es nuevo(a) | The _____is new (de _____ is niu). |
| El (la) _____es viejo(a) | The _____ is old (de _____ is ould). |
| Éste es el cuarto de Martha. | This is Martha's room. (*d*is is Marthas rum). |

| | |
|---|---|
| Éste es el mío | This is mine (*d*is is main). |
| Ésta es mi computadora. | This is my computer (*d*is is mai compiuter). |
| Ésta es la tuya. | This is yours (*d*is is iurs). |
| Éstos son los juguetes de Billy. | These are Billy's toys (*d*is ar Billi tois). |
| Son suyos. | They are his (*d*is ar jis). |
| Éstas son las muñecas de Betty. | These are Betty's dolls (*d*is ar Betis dols). |
| Son suyas. | They are hers (*d*is ar jers). |
| Éstas son las camisas de los chicos. | Those are the boys' shirts (*d*ous ar *de* bois zderts). |
| Son suyas. | They are theirs (*d*ei ar zdeirs). |

# El baño – The bathroom

(de baz rum)

| Español | Inglés | Pronunciación |
|---|---|---|
| 1. tina de baño | bath tub | (baz t*u*b) |
| 2. llave mezcladora | mixing faucet | (MIXing FOSit) |
| 3. esponja | sponge | (spon***y***) |
| 4. toalla | towel | (taul) |
| 5. toallero | towel rail | (taul reil) |
| 6. papel higiénico | toilet paper | (TOIlet PEIper) |
| 7. excusado | toilet | (TOIlet) |
| 8. asiento del excusado | toilet seat | (TOIlet sit) |
| 9. azulejo | tile | (tail) |
| 10. jabón | soap | (soup) |
| 11. jabonera | soapdish | (soup dish) |
| 12. lavabo | washbasin | (wash BAIsin) |
| 13. cepillo de dientes | tooth brush | (tuz br*u*sh) |

| | | |
|---|---|---|
| 14. máquina de afeitar eléctrica | electric shaver | (iLECtrik SHAIv*er*) |
| 15. ducha | shower cubicle | (SHOUer KIUbicl) |
| 16. regadera | shower nozzle | (SHAUer nosl) |
| 17. botiquín | medicine cabinet | (MEDicin KABinet) |

## FRASES ÚTILES:

| | |
|---|---|
| ¿Dónde está el (la) _____? | Where is the _____? (*juer* is *de* _____?) |
| Está cerca del (de la) ______. | It is near the ______. (it is niir *de* ______.) |
| Está sobre el (la) _____. | It is on the _____. (its on *de* _____.) |
| Está detrás del (de la) _____. | It is behind the _____. (its BI*j*aind *de* _____. |
| Está dentro del (de la) _____. | It is in the _____.) (its in *de* _____.) |

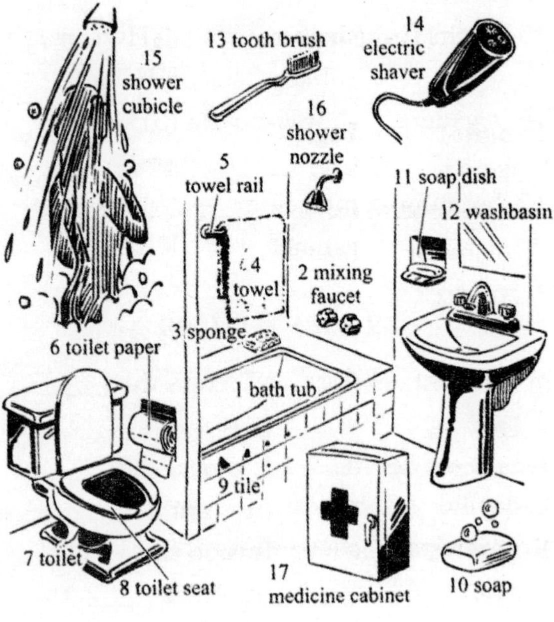

15 shower cubicle
13 tooth brush
14 electric shaver
16 shower nozzle
5 towel rail
11 soap dish
12 washbasin
4 towel
2 mixing faucet
3 sponge
6 toilet paper
1 bath tub
9 tile
7 toilet
8 toilet seat
17 medicine cabinet
10 soap

# Utensilios domésticos – Household utensils

(jaus jold uiTENsils)

| Español | Inglés | Pronunciación |
|---|---|---|
| 1. plancha | iron | (AIRen) |
| 2. mesa (burro) de planchar | ironing board | (AIRoning bord) |
| 3. lavadora | washing machine | (UASHing maSHIN) |
| 4. secadora | drier | (DRAIer) |
| 5. tendedero | clothes line | (clous lain) |
| 6. escalera | ladder | (LADer) |
| 7. cepillo | brush | (brush) |
| 8. crema para zapatos | shoe polish | (shu POLish) |
| 9. escoba | broom | (brum) |
| 10. recogedor | dustpan | (dust pan) |
| 11. cubeta | bucket | (B*U*Ket) |

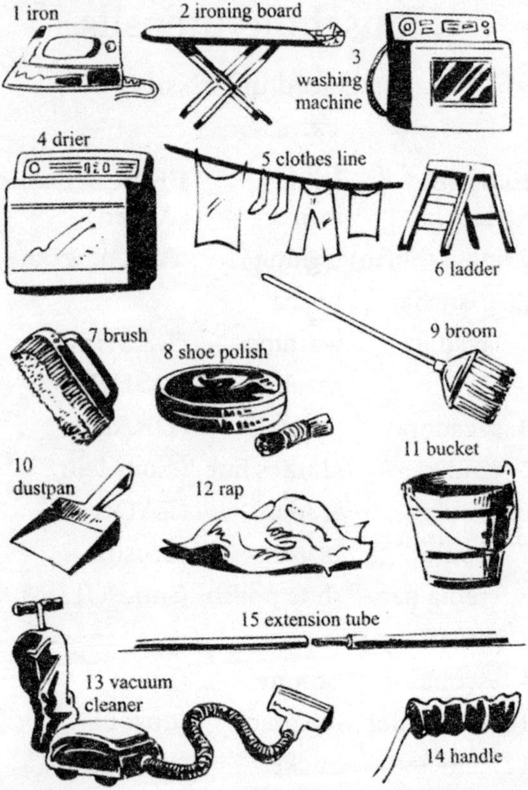
1 iron
2 ironing board
3 washing machine
4 drier
5 clothes line
6 ladder
7 brush
8 shoe polish
9 broom
10 dustpan
11 bucket
12 rap
15 extension tube
13 vacuum cleaner
14 handle

| | | |
|---|---|---|
| 12. trapo | rag | (rag) |
| 13. aspiradora | vacuum cleaner | (V AKium KLINer) |
| 14. mango | handle | (JANdl) |
| 15. tubo de prolongación | extensión tube | (exTENshon tiub) |

## FRASES ÚTILES:

| | |
|---|---|
| Necesito un (una) ______. | I need a ______ (ai nid *e* ______). |
| Estoy usando el (la) ______. | I'm using the ______ (aim iusing *de* ______). |

# Hortalizas - Vegetables (VEYetabls)

| Español | Inglés Singular | Plural |
|---|---|---|
| 1. guisante (chícharo) | pea (pi) | peas (pis) |
| 2. frijol (alubia) | bean (bin) | beans (bins) |
| 3. tomate | tomato (toMEIto) | tomatoes (toMEItos) |
| 4. pepino | cucumber (KIUk*u*mb*e*r) | cucumbers (KIUk*u*mb*e*rs) |
| 5. espárrago | asparagus (asPAR*a*g*u*s) | asparagus (asPAR*a*g*u*s) |
| 6. rábano | radish (RADish) | radishes (RADishes) |

| | | |
|---|---|---|
| 7. zanahoria | carrot (KARot) | carrots (KARots) |
| 8. perejil | parsley (PARSli) | -------- |
| 9. calabaza | pumpkin (pUMPkin) | pumpkins (PUMPkins) |
| 10. cebolla | onion (Onion) | onions (Onions) |
| 11. ajo | garlic (GARlik) | -------- |
| 12. apio | cellery (SELeri) | -------- |
| 13. espinaca | spinach (SPINich) | -------- |
| 14. col de Bruselas | -------- | Brussels sprouts (BRUSels sprauts) |
| 15. coliflor | cauliflower (COLiflaur) | cauliflowers (COLiflaurs) |
| 16. col | cabbage (KABich) | cabbages (KABiches) |

| | | |
|---|---|---|
| 17.lechuga | lettuce (LETes) | -------- |
| 18. alcachofa | artichoke (ARTichouk) | artichokes (ARTichouks) |

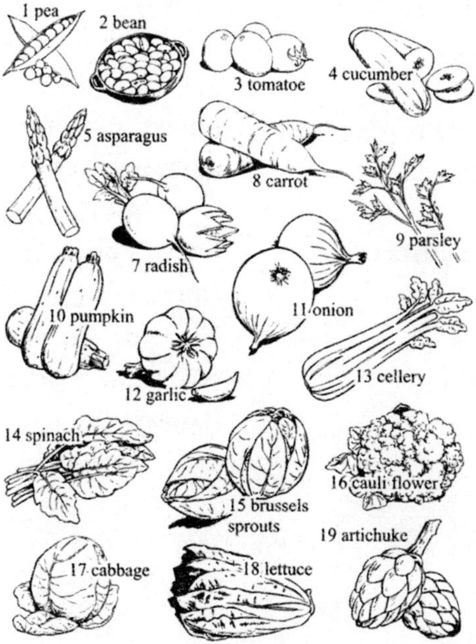

## FRASES ÚTILES:

| | |
|---|---|
| Aquí cultivamos _____. | Here we cultivate _____ (jir ui CULtiveit _____). |
| Este platillo lleva _____. | This dish has _____ (dis dish jas _____). |
| Necesito _____ para la ensalada. | I need _____ for the salad (ai nid _____ for de SALad). |
| ¿Te gusta el (la) _____? | Do you like _____? (du iu laik _____?) |
| Sí. | Yes, 1 do (ies ai du). |
| No. | No, 1 don't (nou ai dount). |

# Frutas - Fruits (fruts)

| **Español** | **Inglés Singular** | **Plural** |
|---|---|---|
| 1. cereza | cherry (cherri) | cherries (CHErris) |
| 2. ciruela | plum (plum) | plums (plums) |
| 3. melocotón | peach (pich) | peaches (piches) |
| 4. nuez | walnut *(UALnut)* | walnuts (UALnuts) |
| 5. manzana | apple(Apl) | apples (Apls) |
| 6. pera | pear (per) | pears (pears) |
| 7. plátano | banana (baNAna) | bananas (baNAnas) |
| 8. melón | melon (MELon) | melons (MELons) |

| | | |
|---|---|---|
| 9. sandía | watermelon (uatr MELon) | watermelons (uatr MELons) |
| 10. piña | pineapple (pain apl) | pineapples (pain apls) |

## Present simple verbs – comparative and superlative adjectives:

Tener – Have

| | | |
|---|---|---|
| I (ai) | have (jav) | rice (rais) |
| You (iu) | have (jav) | soup (sup) |
| He (ji) | has (jas) | bread (bred) |
| She (shi) | has (jas) | butter (barer) |
| They | have (jav) | hambuerguers (jamburguers) |
| | | hot dogs (jot dogs) |
| | | French fries (french frais) |

| | |
|---|---|
| | juice (yus) |
| | cookies (kukis) |

## Me gusta el pescado – I like fish

| | |
|---|---|
| Me gusta la crema de almejas | I like clam chowder (ai laik clam chauder) |
| Te gusta la langosta | You like lobster (iu laik lobster) |
| A él le gustan las ostras | He likes oysters (Ji laiks oisters) |
| A ella le gustan los mariscos | She likes sea food (shi laiks si fud) |
| A ellos les gustan los camarones | They like shrimps (Dey laik shrimps) |

## PREGUNTAS

| | |
|---|---|
| ¿Te gustan los huevos tibos? | Dou you like boiled eggs? (Du iu laik boild egs?) |
| ¿Comerá huevos fritos? | Does he have fried eggs? (Das ji jav fraid egs?) |
| ¿Prefiere ella huevos poché? | Does she prefer poaches eggs? (Das shi prifer pouches egs?) |
| ¿Ellos cocinan un omelette? | Do they cook omellette? (Do dei kuk omelet?) |

## RESPUESTAS CORTAS

| **Afirmativas** | **Negativas** |
|---|---|
| Yes, I do | No, I don't |
| Yes, you do | No, you don't |
| Yes, he does | No, he doesn't |

| | |
|---|---|
| Yes, she does | No, she doesn't |
| Yes, they do | No, they don't |

## Lo negativo

| | |
|---|---|
| No disfruto el pollo. | I don't enjoy chicken. (Ai dont enyoi chiken). |
| No te gustan las albóndigas. | You don´t like meatballs. (Iu dont laik mitbols). |
| El no comió filete. | He dosn't have steak (Ji dosnt jav steik). |
| Ella no prefiere el hígado. | She doesn't prefer liver. (Shi dosnt prifer liver). |
| Ellos no cocinan chuletas de puerco. | They don't cook pork chops. (Dey dont kuk porc chops). |

## FRASES ÚTILES:

| | |
|---|---|
| Los (las) ______ son baratos. | The _____ are cheap. (*De* _____ ar chip). |
| Las cerezas son caras | Cherries are expensive. (Cheris ar exPENsiv). |
| Las nueces son más caras. | Walnuts are more expenslve. (UALnuts ar mor exPENSIV). |
| Estas manzanas son deliciosas. | These apples are delicious. (Diis Apls ar diLISHus). |
| Estas manzanas son las más deliciosas. | These apples are the most delicious. (Diis Apls ar de moust diLISHus). |
| Los melones son grandes. | Melons are big. (MELons ar big.) |
| Las piñas son más grandes. | Pineapples are bigger. (pain apls ar biguer). |

| | |
|---|---|
| Las sandías son las más grandes. | Watermelons are the biggest. (uatr MELons ar de biguest). |
| Las peras de Martín son buenas. | Martin' s pears are good. (MARtins pers ar gud). |
| Las peras de María son mejores. | Mary's pears are better. (meris pers ar BET*er*). |
| Las peras de Susana son las mejores. | Susan's pears are the best. (SUSans pers are the best). |

# Ropa de hombre – Men's clothes (mens clous)

| Español | Inglés | Pronunciación |
|---|---|---|
| 1. traje | suit | (sut) |
| 2. pantalón | trousers | (TRAUsers) |
| 3. chaleco | waistcoat | (ueist cout) |
| 4. chaqueta | jacket | (YAKet) |
| 5. sweater cerrado | pullover | (pulouver) |
| 6. camisa | shirt | (shirt) |
| 7. cinturón | belt | (belt) |
| 8. abrigo | coat | (cout) |
| 9. guantes | gloves | (GLOUvs) |
| 10. corbata | tie | (tai) |
| 11. puño | cuff | (c*u*f) |

## ROPA DE HOMBRE — MEN'S CLOTHES (mens clous)

| | | |
|---|---|---|
| 12. cuello | collar | (COLar) |
| 13. camiseta | T-shirt | (ti sh*er*t) |
| 14. pañuelo | handkerchief | (*J*ANDkerchif) |
| 15. pañuelo para el cuello | scarf | (scarf) |
| 16. calcetín | sock | (sok) |
| 17. zapato | shoe | (shu) |
| 18. agujeta de zapato | shoelace | (shu leis) |
| 19. ropa interior | underwear | (Under uer) |

## Ropa de mujer – Women's clothes (ulmens clous)

| **Español** | **Inglés** | **Pronunciación** |
|---|---|---|
| 1. vestido | dress | (dres) |
| 2. falda | skirt | (skirt) |
| 3. blusa | blouse | (blaus) |

| | | |
|---|---|---|
| 4. abrigo | coat | (cout) |
| 5. chaqueta | jacket | (YAKet) |
| 6. vestido de noche | evening gown | (IVNing gaun) |
| 7.Traje con pantalón | trouser suit | (TRAUser sut) |
| 8. traje sastre | skirt suit | (skirt sut) |
| 9. vestido de dos piezas | two piece dress | (tu pis dres) |
| 10. pantalones | slacks | (slaks) |
| 11. falda pantalón | culottes | (kuLOTS) |
| 12. camiseta | T-shirt | (ti shirt) |
| 13. conjunto | twin set | (tuin set) |
| 14. pantalón vaquero | bluejeans | (blu yins) |
| 15. delantal | apron | (EtPron) |
| 16. volantes | frills | (frils) |
| 17. chal | shawl | (shol) |
| 18. fondo | slip | (slip) |

## ROPA DE MUJER — WOMEN'S CLOTHES (Ulmens clous)

1 dress 2 skirt 3 blouse 4 coat 5 jacket

6 evening gown 7 trouser suit 8 skirt suit 9 two piece dress 10 slacks

11 culottes 12 T-shirt 13 twin set 14 blue jeans

15 aprón 16 frills 17 shawl 18 slip

# Ropa de niños – Children's clothes (CHILdrens clous)

| Español | Inglés | Pronunciación |
|---|---|---|
| 1. conjunto de calle | pram suit | (pram sut) |
| 2. gorro | hood | (jud) |
| 3. zapatitos | bootees | (butis) |
| 4. camiseta | vest | (vest) |
| 5. vestido de calle | pinafore dress | (PINafor dres) |
| 6. traje de punto de una pieza | one-piece jersey suit | (uan pis **Y***E*Rsi sut) |
| 7. pantalones cortos | shorts | (shorts) |
| 8. pañales | diapers | (DAIepers) |
| 9. pantaloncito | rumper | (R*U*Mp*er*) |
| 10. tirantes | suspenders | (*sus*PENd*er*s) |

**ROPA DE NIÑOS — CHILDREN'S CLOTHES** (CHILdrens clous)

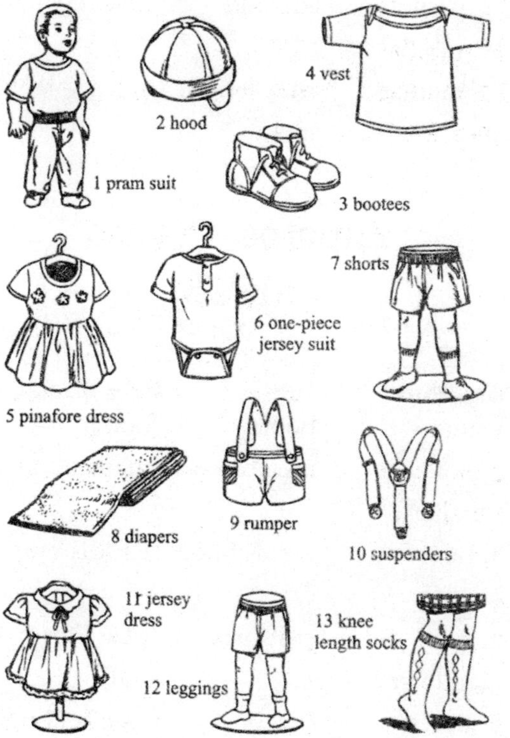

| | | |
|---|---|---|
| 11. vestido de punto | jersey dress | (*YE*Rsi dres) |
| 12. pantalones de trabillas | leggings | (LEGings) |
| 13. medias calcetín | knee length socks | (ni leg soks) |

# Zapatos – Shoes (SHUS)

| **Español** | **Inglés** | **Pronunciación** |
|---|---|---|
| l. botas | boots | (buts) |
| 2. botas de caballero | men's boots | (mens buts) |
| 3. botas de señora | ladies boots | (LEIdis buts) |
| 4. suela de plataforma | platform sole | (pLATform soul) |
| 5. botas vaqueras | cowboy boots | (cau boi buts) |

## ZAPATOS — SHOES (SHUS)

1 boots

2 men's boots

3 ladies' boots

4 platform sole

5 cowboy boots

6 slippers

7 high heel shoe

8 pump

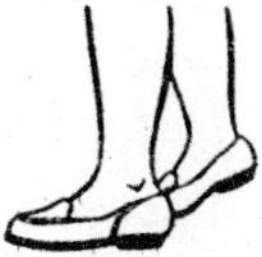
9 Oxford

10 clog

11 sandal

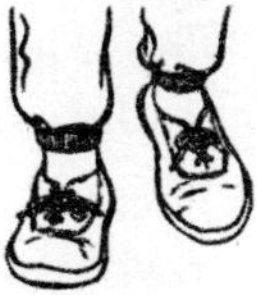
12 sneakers

| | | |
|---|---|---|
| 6. pantuflas | slippers | (SLIP*ers*) |
| 7. zapato alto | high heel shoe | (jaijil shu) |
| 8. zapato de tacón | pump | (pump) |
| 9. zapato bajo | Oxford | (OXford) |
| 10. zueco | clog | (cl*o*g) |
| 11. sandalia | sandal | (SANdal) |
| 12. zapatos deportivos | sneakers | (SNIkers) |

## FRASES ÚTILES:

1. This is a new (niu) nuevo(a) suit.
2. That is a old (ould) viejo(a) shirt.
3. These are nice (nais) bonito(a) coats.
4. Those are comfortable (KOMfrtabl) cómodo(a) jackets.
5. There is a wonderful (UONdrful) maravilloso(a) blouse.
6. There are ugly (egli) feo(a) evening gowns.

# El almacén – The department store (*De* department stor)

| Español | Inglés | Pronunciación |
|---|---|---|
| 1. cajera | cashier | (caSHIR) |
| 2. caja registradora | cash register | (cash REYister) |
| 3. mercancía | goods merchandise | (guds MERchan-DAIS) |
| 4. departa-mento | department | (diPARTment) |
| 5. artículos de caballero | men's wear | (mens uer) |
| 6. Artículos de dama | ladies' wear | (LAIdis uer) |
| 7. cliente(a) | customer | (*CU*Stomer) |

| | | |
|---|---|---|
| 8. mostrador | counter | (CAUN*ter*) |
| 9. dependienta | shop assistant | (shop aSIStant) |
| 10. vendedor | salesman | (seils man) |
| 11. vendedora | sales lady | (seils LEIdi) |
| 12. descuento | discount | (DIScaunt) |
| 13. precio | price | (prais) |
| 14. ganga | bargain | (BARgen) |
| 15. escalera mecánica | escalator | (escaLEItor) |
| 16. elevador | elevator | (EleVEItor) |
| 17. mantelería | table linen | (teibl LINen) |
| 18. ropa de cama | bed linen | (bed LINer) |
| 19. joyería | jewelry | (YULeri) |
| 20. cortinas | curtains | (KERtens) |
| 21. talla | size | (sais) |
| 22. pasillo | aisle | (ail) |

1 cashier

2 cash register

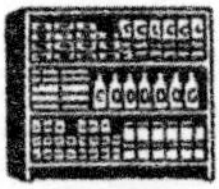
3 goods
merchandise

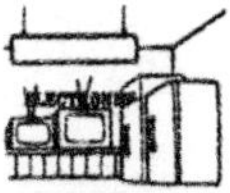
4 department

5 men's wear

6 ladies' wear

7 customer

8 counter

9 shop
assistant

10 salesman

11 sales lady

12 discount

13 price

14 bargain

15 escalator

16 elevator

17 table linen

18 bed linen

19 jewelry

20 curtains

21 size

22 aisle

## FRASES ÚTILES:

| | |
|---|---|
| Ayer fui de compras. | I went shopping yesterday. (ai uent shoping IESterDEI) |
| ¿Gastaste mucho? | Did you spend a lot? (did iu spend e lot?) |
| Sí, gasté mucho. | Yes, I did. I spent a lot. (ies, ai did. Ai spent e lot) |
| No, no gasté mucho. | I didn't spend a lot. (ai didnt spend e lot.) |
| Trabajo en el almacén. | I work at the department store. (ai uork at de diPARTment stor). |
| Pedro trabaja en el almacén. | Pedro works at the department store. (Pedro uorks at de diPARTment stor) |

| | |
|---|---|
| Trabajamos en el almacén. | We work at the department store. (ui uork at de diPARTment stor) |
| Soy vendedor. | I'm a salesman. (aim e seilsman) |
| Soy vendedora. | I'm a sales lady. (aim e seils leidi) |
| Laura es vendedora. | Laura is a sales lady. (Lora is a seils leidi) |
| Estoy en el departamento de joyería | I'm in the jewehy department. (aim in de yulri diPARTment). |
| Estás en el departamento de ... | You'r in the ... departmeny (Iur in de... department) |
| Estamos en el departamento de... | We're in the... department (Uir in de... department. |

| | |
|---|---|
| ¿Tiene ______? | Do you have ______? (du yu h*a*v______?) |
| ¿Puedo probarme esto? | Can I try this on? (can ai trai dis on?) |
| No me queda. | It doesn't fit. (*i*t d*o*snt f*i*t) |
| Necesito una blusa chica. | I need a small blouse. (ai nid *a* smol blaus) |
| Necesito una blusa mediana. | I need a midium blouse. (ai nid *a* MIDiem blaus) |
| Necesito una blusa grande. | I need a large blouse. (ai nis *a* lar*y* blaus) |
| Pagaré al contado. | I'll pay cash. (ail pei cash) |
| Pagaré con cheque | I'll pay by check (ail pei bai check) |
| Voy a usar tarjeta de crédito | I'll use a credit card. (ail ius *e* CREdit card) |
| ¿Puedo apartar esto? | Can I put this on lay away? (can ai put *dis* on lei *a*uay?) |

| | |
|---|---|
| Quisiera cambiar esto. | I'd like to change this. (aid laik tu cheinch *dis*) |

## FRASES ÚTILES...
## SI TRABAJA
## EN UNA TIENDA DE ROPA

| | |
|---|---|
| ¿Puedo ayudarle? | May I help you? (mei ai *j*elp iu?) |
| ¿Qué talla está buscando? | What size are you looking for? (*j*uat sais ar iu luking for?) |
| ¿Qué color le gustaría? | What color would you like? (*j*uat color du iu laik?) |

## CUÁNTO, PREPOSICIONES DE LUGAR, POCO, ALGO...

| | | |
|---|---|---|
| I | need<br>am looking for | a dress / some dresses |
| You | want<br>are looking for | a leather belt / some leather belts |
| He | wants<br>is looking for | a toaster / two toasters |
| She | wants<br>is looking for | a microwave oven |
| They | want<br>need<br>are looking for | a dinner service |

## Diálogo

| | |
|---|---|
| ¿Hay algunas revistas en la tienda? | Are there any magazines in the store? (ar der eni magazins in *de* stor?) |
| No hay revistas. | There aren't any magazines. (der arnt eni magazins) |
| ¿Tiene algunas nueces en la tienda? | Are there any nuts in the store? (are der eni n*a*ts in *de* stor?) |
| Sí, hay unas cuantas, pero no son muchas. | Yes, there are some, but there aren't many. (ies, der ar som, bat der arnt meni) |
| ¿Hay café en la mesa? | Is there any coffee on the table? (is der eni cofi in de teibol) |

No hay mucho café

There isn't much coffee. (der isnt m*o*ch cofi)

Hay algo de hielo en la hielera

Is there any ice in the freezer? (is der eni ais in *de* frizer?)

Sí, hay un poco, pero no es mucho.

Yes, there is some, but there isn't much. (ies, der is som, b*a*t der isnt m*o*ch)

## PREGUNTAS

| | | |
|---|---|---|
| Do you | | a table? |
| Does he | want to buy | curtains? |
| Does she | need | any cups? |
| Do they | | |

| | | |
|---|---|---|
| How many | seat cushions | do you want to buy? |
| | indoor plants | |
| | pillows | |
| | mirrors | |
| | bedspreads | |

| | | |
|---|---|---|
| How much | wine | does he need? |
| | sugar | does she want? |
| | milk | do they buy? |
| | salt | |

## ARTÍCULOS DE TOCADOR

| Español | Inglés | Pronunciación |
|---|---|---|
| crema para el cuidado de la piel | skin care cream | skin ker crim |
| loción | lotion | LOshen |
| talco | powder | PAUdr |
| perfume | perfume | prFUIM |
| barniz de uñas | nail polish | neil POlish |
| laca | hair spray | her sprei |
| gel para el cabello | hair gel | her yel |
| baño de burbujas | bubble bath | bubl baz |

## MAQUILLAJE

| | | |
|---|---|---|
| lápiz labial | lipstick | lipstik |
| sombras de ojos | eye shades | ai sheids |
| base | foundation | faunDEshen |
| rímel | mascara | masKAra |
| desmaquillador | makeup remover | meikep reMUver |
| maquillaje de ojos | eyes makeup | ais meikep |
| sombras para ojos | eye shadows | ai SHAdous |
| delineador | eye liner | ai LAInr |

## LOS NIÑOS
## (CAN, CAN'T – WAS, WERE)

| | |
|---|---|
| Tengo tres hijos. | I have three kids. (ai jav zri kids) |
| Dos niños y una niña. | Two boys and one girl. (tu bois and uan girl) |
| Mike tiene diez años. | Mike is ten years old. (Maik is ten irs ould.) |
| Es el mayor. | He is the oldest. (ji is di OULDest) |
| Nancy tiene seis años. | Nancy is six years old. (NANsi is six irs ould.) |
| Le gusta dibujar. | She likes to draw. (Shi laiks tu dro.) |
| Andy tiene dos años. | Andy is two years old. (ANdi is tu irs ould.) |

| | |
|---|---|
| Es mi bebé. | He is my baby. (jis mai beibi.) |

## MUEBLES DEL BEBÉ – BABY FURNITURE

| | |
|---|---|
| cuna | crib (krib) |
| colchón para la cuna | crib mattress (krib MATres) |
| mesa para cambiar al bebé | changing table (CHEINying teibl) |
| cuna | bassinet or cradle (BASiner or kreidl) |
| silla alta | high chair (jai cher) |
| columpio de bebé | infant swing (infant suing) |
| portabebé | bouncer chair (BAUNser cher) |
| bacinica | potty chair (POTi cher) |
| mecedora | rocking Chair (ROKing cher) |

| | |
|---|---|
| corral | playpen (plei pen) |
| cofre o cesto de juguetes | toy chest or basket (toi chest or BASket) |
| asiento para el coche | car seat / infant seat (car sit /INfant sit) |
| cargador de bebé | front/back carrier (front/bak KARier) |
| carriola (cochecito) | stroller (STROlr) |
| juguetes para viajar en coche | car / travel toys (kar/ TRAvl tois) |
| cuna portatil para viaje | portable travel crib (PORtabl TRAvl krib) |
| espejo retrovisor para ver al niño | Child view mirror (chaild viu MIRer) |
| organizador de juguetes para viajar | Travel toy organizer (TRAvl toi orgaNAIsr) |
| recipientes para bocadillos | Snack containers (snak konTEIners) |

## Pañalera – Diaper bag

| | |
|---|---|
| pañales | diapers (daiaprs) |
| botellas | bottles (botls) |
| medidor | formula dispenser (formiula dispensr) |
| toalla | towel (taul) |
| crema | cream (krim) |
| talco | talc (talk) |
| recipiente de comida | food container (fud konteinr) |
| cobija | blanket (blanket) |

## Botellas - Bottle feeding

| | |
|---|---|
| botellas de cuatro onzas | four ounce bottles (for auns botles) |
| botellas de ocho onzas | eight ounce bottles (eigt auns botles) |
| chupones de flujo rápido | fast flow nipples (fast flou nipls) |

| | |
|---|---|
| chupones de flujo lento | slow flow nipples (slou flou nipls) |
| cepillos para botellas | bottle brushes (botl breshes) |
| baberos | bibs (bibs) |
| toallita para hacer eructar al bebé | burp pads (brp pads) |
| equipo para esterilizar | sterilizer kit (sterelaiser kit) |
| calentador de botellas | bottle warmer (botl uarmr) |
| botellas desechables | disposable bottle kit (dispousabl botl kit) |
| licuadora | food grinder/blender (fud graindr/ blendr) |

## Lactancia - Breast feeding

| | |
|---|---|
| sacaleche | breast pump (brest pemp) |

| | |
|---|---|
| loción para pezones | nipple lotion (nipl loushen) |
| almohadilla para el pecho | breast pads (brest pads) |
| brasier para amamantar | nursing bras (nersing pads) |
| botellas para guarda leche | bottles for storing milk (botls for storing milk) |
| cepillo para botellas | bottle brush (botl bresh) |

## Alimentos sólidos - Solid feeds

| | |
|---|---|
| tenedor para comer | feeding fork (fiding forks) |
| cuchara | feeding spoon (spun) |
| tazón | feeding bowl (bol) |
| taza | training cup (treining) |

## Baño – Bathing

| | |
|---|---|
| tina de plástico | infant plastic bathtub (infant plastik bazteb) |
| toallas con capucha | hooded towels juded tauls) |
| toallitas para bañar al bebé | washcloths for bathing baby (uashcouds for baiding baibi) |
| alfombrilla de baño | bath mat (baz mat) |
| jabón corporal | body wash (badi uash) |
| loción corporal para bebé | baby bathing lotion (beibi beiding loushen) |
| aceite | baby bathing oil (beibi beiding oil) |
| champú para bebé | baby shampoo (beibi shampu) |

## JUGUETES DE NIÑOS – BOYS TOYS

A los niños les gusta jugar con – Boys like to play with:

| **Español** | **Inglés** | **Pronunciación** |
|---|---|---|
| trompos | spinning tops | spining tops |
| lápices de colores | color pencils | kolor pensils |
| saltador (cangurín) | pogo sticks | pogo sticks |
| coches | cars | kars |
| barcos | ships | ships |
| caballos | horses | *j*orses |
| silbatos | whistles | *j*uisls |
| rompecabezas | jigsaw puzzles | yiggso pesls |
| tambores | drums | drums |
| sonajas | rattles | ratles |
| guitarras | guitars | guitars |
| armónicas | harmonicas | jarmonicas |

| carritos | roller riders | roler raidrs |
|---|---|---|
| bicicletas | bikes | baiks |
| juegos de química | science kits | saiens kits |
| castillos y fuertes | castles and forts | kasls and forts |

## Juguetes de niña – Girls toys

Las niñas aman – Girls love:

| **Español** | **Inglés** | **Pronunciación** |
|---|---|---|
| muñecas | dolls | dols |
| casas de muñecas | dolls' houses | dols jauses |
| juegos de té | toy tea sets | toi ti sets |
| vestidos de princesa | princess dresses | prinses dreses |
| títeres de mano | hand puppets | jand popets |
| osos de peluche | teddy bears | tedi bers |

| | | |
|---|---|---|
| cocina de juguete | toy kitchen | toi kitchen |
| patines | roller skates | roler skeits |

## Juegos de niños y niñas – Games for boys and girls

| | | |
|---|---|---|
| escondidas | hide and seek | jaid and sik |
| policías y ladrones | cops and robbers | cops and robrs |
| roña | play tag | plei tag |
| avioncito (tejo o rayuela) | hopscotch | hopsoch |

# PARTES DEL CUERPO

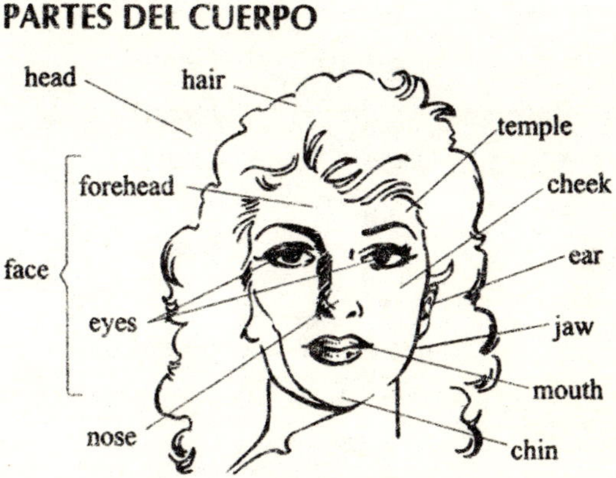


## Cabeza y cara

| Español | Inglés | Pronunciación |
|---|---|---|
| 1. Cabeza | head | (*j*ed) |
| 2. Cabello | hair | (*j*er) |
| 3. Frente | forehead | (FOR *j*ed) |
| 4. Cara | face | (feis) |
| 5. Sien | temple | (TEMpl) |

6. Ojos eyes (ais)
7. Mejilla cheek (chik)
8. Nariz nose (nous)
9. Boca mouth (maud)
10. Barbilla chin (chin)
11. Mandíbula jaw (yo)
12. Oreja ear (iir)

# El cuello

| Español | Inglés | Pronunciación |
|---|---|---|
| 1. Cuello | neck | (nek) |
| 2. Garganta | throat | (zrout) |

| | | |
|---|---|---|
| 3. Nuca | nape of the neck | (neip of *de* nek) |

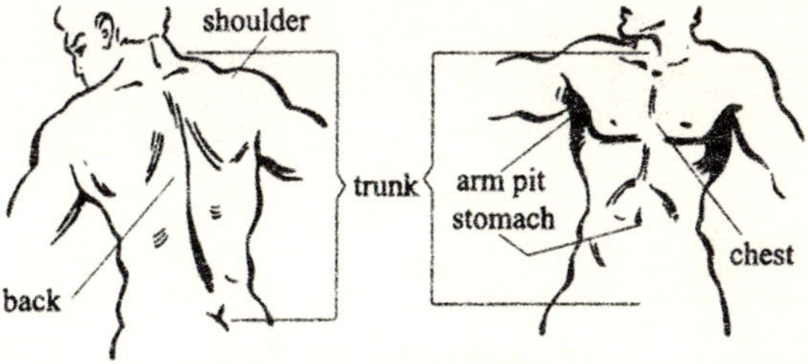


# El tronco

| **Español** | **Inglés** | **Pronunciación** |
|---|---|---|
| 1. Tronco | trunk | (trunk) |
| 2. Espalda | back | (bak) |
| 3. Hombro | shoulder | (SHOULder) |
| 4. Axila | arm pit | (arm p*i*t) |
| 5. Pecho | chest | (chest) |
| 6. Estómago | stomach | (STOmak) |

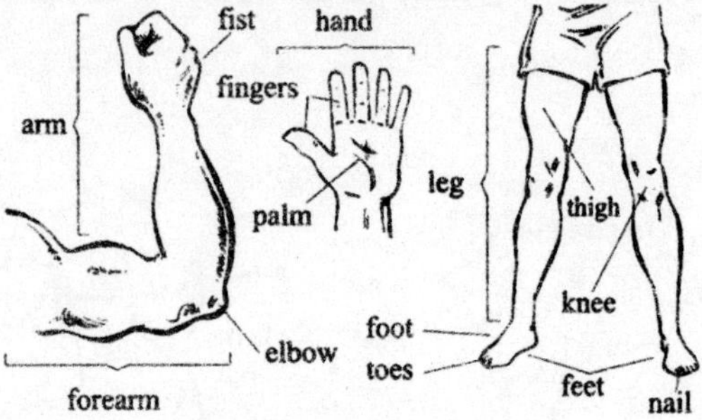


# Extremidades

| Español | Inglés | Pronunciación |
|---|---|---|
| 1. Brazo | arm | (arm) |
| 2. Codo | elbow | (ELbou) |
| 3. Antebrazo | forearm | (FORarm) |
| 4. Mano | hand | (*j*and) |
| 5. Puño | fist | (fist) |
| 6. Palma | palm | (polm) |
| 7. Dedos | fingers | (FINGers) |
| 8. Pierna | leg | (leg) |
| 9. Muslo | thigh | (*z*ai) |

| | | |
|---|---|---|
| 10. Rodilla | knee | (ni) |
| 11. Pie | foot | (fut) |
| 12. Pies | feet | (fit) |
| 13. Uña | nail | (neil) |
| 14. Dedos de los pies | toes | (tous) |

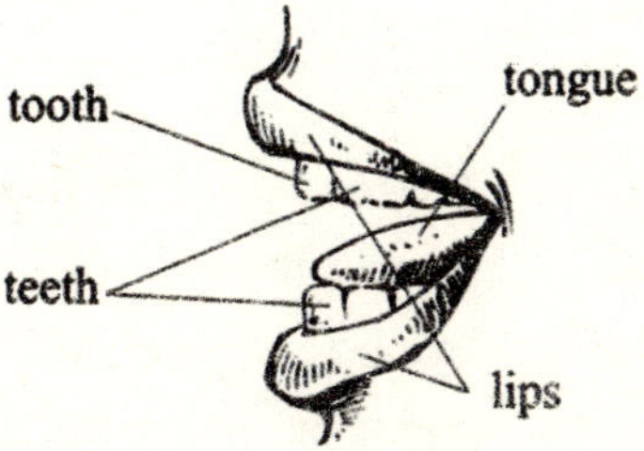


# La boca

| Español | Inglés | Pronunciación |
|---|---|---|
| 1. Diente | tooth | (tuz) |
| 2. Dientes | teeth | (tiz) |
| 3. Lengua | tongue | (tong) |
| 4. Labios | lips | (lips) |

# El ojo

| Español | Inglés | Pronunciación |
|---|---|---|
| 1. Ceja | eye brow | (ai brau) |
| 2. Párpado | eye lid | (ai *lid)* |
| 3. Pestaña | eye lash | (ai lash) |

# Algunos órganos del cuerpo

| Español | Inglés | Pronunciación |
|---|---|---|
| 1. Glándula | thyroid | (DAIroid |
| tiroides | gland | gland) |
| 2. laringe | larinx | (LARinx) |
| 3. tráquea | trachea | *(*TRAk*ea)* |

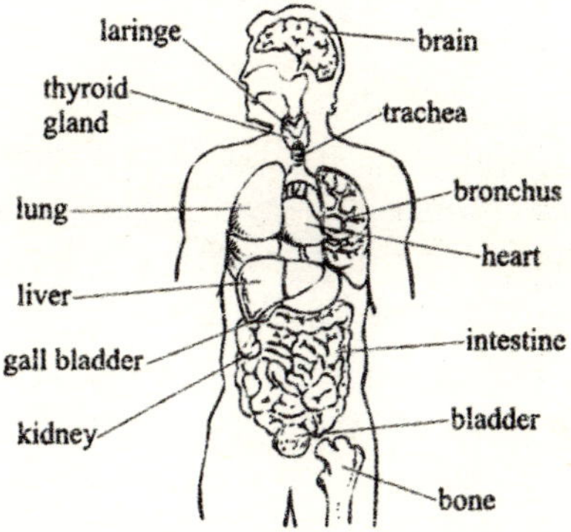


| | | |
|---|---|---|
| 4. bronquios | bronchus | (BRONkus) |
| 5. pulmón | lung | (lung) |
| 6. corazón | heart | (*j*art) |
| 7. hígado | liver | (L*I*Ver) |
| 8. cerebro | brain | (brein) |
| 9. vesícula biliar | gall bladder | (gal *BLADer)* |
| 10. intestino | intestine | (inTEStin) |
| 11. riñón | kidney | (KIDni) |
| 12. vejiga | bladder | *(BLADer)* |
| 13. hueso | bone | (boun) |

# Ir al médico

Si tú o alguno de tus familiares tienen una emergencia médica, vayan a un hospital de inmediato. En muchas ciudades hay hospitales de bajo costo o gratuitos.

Si la persona que tuvo la emergencia médica no se puede mover, llama al 911 o a la operadora para que manden a los paramédicos.

Estas frases pueden serte de utilidad:

| | |
|---|---|
| Ésta es una emergencia | This is an emergency (dis is an emERyenci) |
| Hubo un accidente | There has been an accident. (der jas bin an ACCident) |
| Mi hijo está muy enfermo. | My child is very sick. (mai chaild is veri sik) |
| Mi esposo está muy enfermo. | My husband is very sick.(mai JUSband is veri sik) |

| | |
|---|---|
| Mi esposa está muy enferma. | My wife is very sick. (mai uaif is veri sik) |
| Mi hijo tomó veneno. | My child took poison. (mai chaild tuk POIson) |
| Mi hijo tomó píldoras. | My child took pills. (mai chaild tuk pils) |
| Mi hijo tomó drogas. | My child took drugs. (mai chaild tuk drugs) |
| Mi esposa tiene dolores de parto seguidos. | My wife has labor pains close together (mai uaif jas LElbor peins clous toGEder) |
| Por favor mande una ambulancia. | Please send an ambulance (pliis send an AMbiulans) |
| Por favor mande a los paramédicos | Please send the paramedics. (plis send de paraMEDics) |
| Necesito ayuda. | I need help. (ai nid jelp) |

| | |
|---|---|
| Mi nombre es ______. | My nane is ______. |
| | (mai neim is ______.) |
| Mi dirección es | My address is |
| __________. | __________. |
| | (mai ADres is _____.) |

# Diferentes tipos de emergencias

| | |
|---|---|
| ESTOY __________. | I AM __________. |
| | (ai am) __________. |
| ÉL ESTÁ _________. | HE IS __________. |
| | (ji is) ___________. |
| ELLA ESTÁ _______. | SHE IS __________. |
| | (shi is) __________. |
| ELLOS (ELLAS) | THEY ARE _______. |
| ESTÁN ________. | (dei ar) ________. |

| Español | Inglés | Pronunciación |
|---|---|---|
| sangrando | bleeding | (BLIding) |

| | | |
|---|---|---|
| inconsciente | unconscious | (unCONshes) |
| herido(a) | injured | (INchurd) |
| quemado(a) | bumed | (burnd) |
| asfixiando | choking | (CHOUking) |
| mordido por un perro | bitten by a dog | (BITn bai a dog) |
| con dolores de parto | with labor pains | (uid LElbor peins) |
| con dolores en el pecho | with chest pains | (uid chest peins) |
| vomitando | vomiting | (VOMiting) |
| mareado(a) | dizzy | (disi) |
| con nauseas | nauseus | (NOshes) |
| Le dispararon | he has been shot | (ji jas bin shot) |

TENGO ________. I HAVE __________.
(ai jav) __________.

ÉL TIENE ________. HE HAS ________.
(ji jas) ________.

ELLA TIENE ______. SHE HAS ______.
(shi jas) ______.

ELLOS TIENEN ________. THEY HAVE ________.

(dei jav) ________.

TENEMOS ______. WE HAVE ______.

(ui jav) ________.

| | | |
|---|---|---|
| picazón | itches | (ITches) |
| asma | asthma | (ASma) |
| tos | a cough | (a kef) |
| fiebre | fever | (FIVer) |
| escalofríos | chills | (chils) |
| gripe | the flu | (de flu) |
| garganta irritada | a sore throat | (a sour zrout) |
| un resfriado | a cold | (a could) |
| la nariz tapada | a stuffed nose | (a stuft nous) |
| estreñimiento | constipation | (kenstiPAIshon) |
| una alergia | an allergy | (an ALEryi) |
| dolor de cabeza | a headache | (a JEDeik) |
| dolor de estómago | a stomach ache | (a STOmek eik) |

| | | |
|---|---|---|
| dolor de oído | an ear ache | (an IReik) |
| hemorroides | hemorrhoids | (JEmoroids) |
| presión alta | high blood pressure | (jai blod PREshur) |
| una fractura | a fracture | (a FRACchur) |
| una torcedura | a sprain | (a sprein) |

# Qué decirle al doctor

| | |
|---|---|
| Me gustaría hacer una cita. | I'd like an appointment (aid laik an aPOINTment) |
| Hace ___ días estoy enfermo. | I've been sick for ___ days. (aiv bin sik for ___ deis) |
| Hace ___ días está enfermo. | He's been sick for ___ days (jis bin sik for ___ deis) |
| Hace ___ días está enferma. | She's been sick for ___ days (shis bin sik for ___ deis) |

| | |
|---|---|
| Mi _____ está hinchado(a) | My _____ is swollen. (mai ____ is SUOlen) |
| Me duele el (la) _____________. | My __________hurts. (mai ________ jurts) |

## En el hospital

| | |
|---|---|
| Necesito un doctor. | I need a doctor. (ai nid a DOCtor) |
| Necesito una enfermera. | I need a nurse (ai nid a nurs) |
| Necesito una pastilla para el dolor. | I need a pain pill. (ai nid a pein pil) |
| No puedo respirar. | I can't breath. (ai cant briz) |
| No puedo dormir. | I can't sleep. (ai cant slip) |
| ¿Cómo está mi bebé? | How's my baby? (jaus mai BEIbi?) |
| ¿Puedo ver a mi bebé? | Can 1 see my baby? (can ai si mai BEIbi?) |

| | |
|---|---|
| ¿ Cuándo puedo irme a casa? | When can 1 go home? (juen can ai gou joum?) |

## Si vas al dentista

| | |
|---|---|
| Me duele la muela | My tooth hurts (mai tuzjurts.) |
| Mi diente está flojo. | My tooth is loose. (mai tuz is lus.) |
| Mis encías están sangrando. | My gums are bleeding (mai gums ar BLlding) |
| Perdí un empaste. | I lost a filling (ai lost a FILing) |
| Me rompí un diente. | I broke a tooth. (ai brouk a tuz.) |
| Rompí mi dentadura postiza. | I broke my denture (ai brouk mai DENchure.) |
| Quiero que me saque la muela. | I want my tooth pulled. (ai uant mai tuz puld) |

| | |
|---|---|
| No quiero que me saque la muela. | I don't want my tooth pulled. (ai dount uant mai tu**z** puld) |
| Quiero anestesia. | I want novocaine. (ai uant NOUveKEIN) |
| No quiero anestesia. | I don't want novocaine. (ai dount uant NOUveKEIN) |
| ¿Necesita (él o ella) frenillos? | Does he (she) need braces? (dos ji (shi) nid BREIsis? |

| **Español** | **Inglés** | **Pronunciación** |
|---|---|---|
| Cepillo de dientes | toothbrush | (tu**z** brush) |
| Pasta de dientes | toothpaste | (tu**z** peist) |
| Hilo dental | dental floss | (DENtel flos) |

# Si vas a ver al oculista

| | |
|---|---|
| Necesito lentes nuevos. | I need new glasses. (ai nid niu GLASes) |
| ¿Necesito lentes nuevos? | Do I need new glasses? (du ai nid niu GLASes?) |
| Necesito aros nuevos. | I need new frames (ai nid niu freims) |
| ¿Necesito aros nuevos? | Do I need new frames? (du ai nid niu freims) |
| ¿Necesito bifocales? | Do I need bifocals? (do ai ned baiFOCls?) |
| ¿Necesito lentes de contacto | Do i need contact lenses? (do ai nid CONtact LENses?) |
| Mis lentes están rotos. | My glasses are broken (mai GLASes ar BROUken) |
| Veo doble. | I have double vision. (ai hay Dobl viSHON) |

| | |
|---|---|
| Tengo la vista nublada. | I have blurred vision. (ai hay blurred viSHON) |
| Tengo cataratas. | I have cataracts. (ai jav KATeracts) |
| No veo bien. | I can't see well. (ai kant si uel) |
| Mi ojo está hinchado. | My eye is swollen (mai ai is SUOln) |
| ¿Cuándo estarán listos mis lentes? | When will my glasses be ready? (juen uil mai GLASes bi REdi?) |

# LAS ACTIVIDADES DIARIAS

## FRASES ÚTILES:

| | |
|---|---|
| ¿Quién limpió el (la) _______? | Who cleaned the _______? (ju clined *de* _______?) |
| Yo (ai) | I cleaned the _______. (ai clind *de* _______.) |
| Tú (iu) | You cleaned the _______. (iu clind *de* _______.) |
| Él (*j*i) | He cleaned the _______. (*j*i clind *de* _______.) |
| Ella (shi) | She cleaned the _______ (shi clind *de* _______.) |
| Nosotros (ui) | We cleaned the _______. (ui clind *de* _______.) |

| | |
|---|---|
| Ustedes (iu) | You cleaned the _______. (iu clind *de* _______.) |
| Ellos (dey) | They cleaned the _______. (dey clind de _______.) |
| ¿Quién pintó el _______? | Who painted the (la) _______? Gu peinted de _______?) |

## MÁS FRASES ÚTILES:

| | |
|---|---|
| Compré un (una) _____ para la sala. | I bought a _____ for the living room. (ai bot e _____ for de living rom.) |
| Tenemos un (una) _____ en la sala. | We have a _____ in the living room. (ui hav e _____ in de living rom.) |
| Estoy puliendo el estante. | I'm polishing the bookshelf. (aim POLishing *de* buk shelf) |

Puede variar esta frase cambiando "estoy" para referirse a otras personas, y en vez de decir "books-shelf" puede mencionar otros muebles o partes de la casa:

| | |
|---|---|
| Estás puliendo la mesa. | You're polishing the table. (iur POLishing *de* teibl) |
| Luisa está puliendo las sillas. | Luisa is polishing the chairs. (Luisa is POLishing *de* chers) |
| Álvaro está puliendo la cabecera. | Álvaro is polishing the headboard. (Álvaro is POLishing *de jed* bord) |
| Estamos puliendo las puertas. | We're polishing the doors. (uir POLishing *de* dors) |
| Los muchachos están puliendo los pisos. | The boys are polishing the floors. (de bois ar POLishing *de* flors) |

También puede utilizar otras acciones en vez de "polishing". Por ejemplo:

| | |
|---|---|
| Estás sacudiendo la mesa. | You're dusting the table. (iur DUSting *de* teibl) |
| Luisa está limpiando las sillas. | Luisa is cleaning the chairs. (Luisa is KLINing *de* chers) |
| Álvaro está pintando la cabecera. | Álvaro is painting the headboard. (Álvaro is PEINTin *de jed* bord) |
| Estamos trapeando la terraza. | We're moping the terrace. (uir MOPing *de* TERas) |
| Estoy barriendo la cocina. | I'm sweeping the kitchen. I (aim SUIPing *de* KITchen) |

## Utensilios domésticos – Household utensils (jaus jold uiTENsils)

| Español | Inglés | Pronunciación |
|---|---|---|
| 1. plancha | iron | (AIRen) |

| | | |
|---|---|---|
| 2. mesa (burro) de planchar | ironing board | (AIRoning bord) |
| 3. lavadora | washing machine | (UASHing maSHIN) |
| 4. secadora | drier | (DRAler) |
| 5. tendedero | clothes line | (clous 1ain) |
| 6. escalera | ladder | (LADer) |
| 7. cepillo | brush | (brush) |
| 8. crema para zapatos | shoe polish | (shu POLish) |
| 9. escoba | broom | (brum) |
| 10. recogedor | dustpan | (dust pan) |
| 11.cubeta | bucket | (BUKet) |
| 12. trapo | rag | (rag) |
| 13. aspiradora | vacuum cleaner | (V AKium KLINer) |
| 14. mango | handle | (JANdl) |
| 15. tubo de prolongación | extensión tube | (exTENshon tiub) |

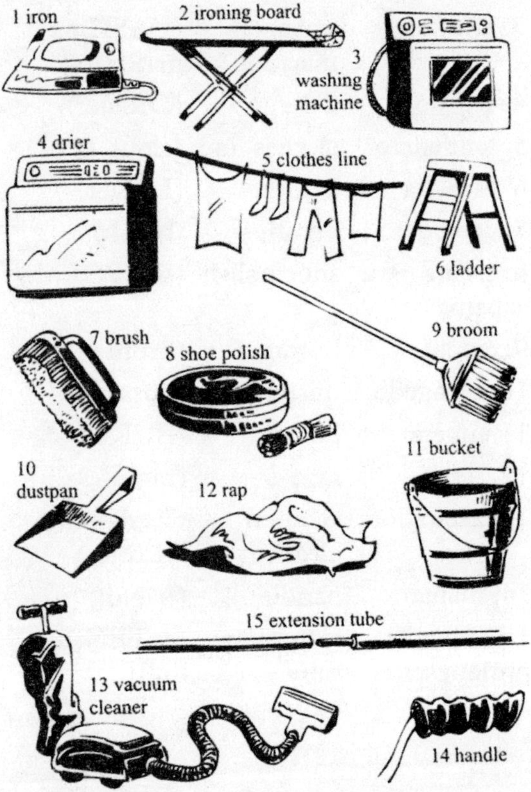
1 iron
2 ironing board
3 washing machine
4 drier
5 clothes line
6 ladder
7 brush
8 shoe polish
9 broom
10 dustpan
11 bucket
12 rap
13 vacuum cleaner
14 handle
15 extension tube

# In the house

| | |
|---|---|
| ¿Quién limpió el cuarto? | Who cleaned the bedroom? (ju klind de bedrum?) |
| ¿Quién pintó las ventanas? | Who painted the windows? (ju PEINtid de uindous?). |
| ¿Quién sacudió la mesa? | Who dusted the table? (ju DUSTid de teibol?). |
| ¿Quién lavó los platos? | Who washed the dishes? (ju uasht de dishes?). |
| ¿Quién planchó la ropa | Who ironed the clothes? (ju AIRend de clouds). |
| ¿Quién cocinó la cena? | Who cooked the supper? (ju kukt de s*oe*per). |

Los siguientes ejercicios ya deberás dominarlos, así que sólo pondremos la traducción del verbo y tú tendrás que recordar el sonido y significado de la frase.

# Diálogo:

Did you clean the living room? (limpiar)

Yes, I did		No I didn't

Did he paint the door? (pintar)

Yes, he did		No he didn´t

Did she dust the chairs? (Sacudir)

Yes, she did		No she didn't

Did they wash the curtains? (lavar)

Yes, they did		No they didn't

________________ iron the shirts? (planchar)

Yes, _____ did		No _____ didn't

________________ cook the meat? (cocinar)

Yes, _____ did		No _____ didn't

Who broke the glass? (romper)

Who brought the fruit? (trajo)

Who bought the flowers? (comprar)

Who drank the juice? (beber)

Who ate here yesterday? (comer)

Who found the lost keys? (encontrar)

Who heard the telephone? (escuchar)

Who paid the rent? (pagar)

Who made the beds? (hacer)

Who spent the money? (gastar)

Did you break the cup?

Yes, I did No I didn't

Did he bring the plants?

Yes, he did No he didn't

Did she buy the food?

Yes, she did No she didn't

Did they drink the milk?

Yes, they did No they didn't

Did you eat the cake?

Yes, I did No I didn't

Did he find the dog?

Yes, he did No de didn't

Did she hear the doorbell?

Yes, she did No she didn't

Did they pay the bill?

Yes, they did No they didn't

# La hora

Time: 22:10

| | |
|---|---|
| ¿Qué hora es? | What time is it? (juat taim is it). |
| Son las diez en punto. | It's ten o'clock. |
| Son las diez y cinco. | It's five past ten. |
| Son las diez y cuarto. | It's a quarter past ten. |
| Son las diez y media. | It's half past ten / it's ten thirty. |
| Son veinte para las diez. | It's twenty to eleven. |

| **Español** | **Inglés** | **Pronunciación** |
|---|---|---|
| Hora | hour | aur |
| minuto | minute | MIn*e*t |
| segundo | second | SEc*o*nd |

| | | |
|---|---|---|
| día | day | dei |
| semana | week | uik |
| mes | month | m*o*nz |
| año | year | ier |
| siglo | century | CENturi |
| fin de semana | week end | uik end |

# Partes del día

| **Español** | **Inglés** | **Pronunciación** |
|---|---|---|
| Mañana | morning | MORning |
| mediodía | noon | nun |
| tarde (primeras horas) | afternoon | afterNUN |
| noche (no muy tarde) | evening | IVning |
| noche | night | nait |
| medianoche | midnight | MIDnait |

# Fechas especiales

| **Español** | **Inglés** | **Pronunciación** |
|---|---|---|
| Día festivo | holiday | J*O*lidei |
| Aniversario | anniversary | aniVERsari |
| Cumpleaños | birthday | B*I*RZdei |
| Año nuevo | New Year | niu ier |
| Pascua | Easter | Ister |
| Navidad | Christmas | KRISmas |

# El clima

| Hace frío | it´s cold | its could |
|---|---|---|

| hace calor | It's hot | its j*o*t |
|---|---|---|

Está soleado it's sunny its *su*ni

Está nublado it's cloudy ist CLAUdi

Está lloviendo it's raining its REIning

Está nevando it's snowing its SNOUing

# Fechas

## DÍAS DE LA SEMANA

| Español | Inglés | Pronunciación |
|---|---|---|
| lunes | monday | MONdei |
| martes | tuesday | TIUSdei |
| miércoles | wednesday | UENSdei |
| jueves | thursday | *Z*URSdei |
| viernes | friday | FRAIdei |
| sábado | saturday | SAturdei |
| domingo | sunday | S*U*Ndei |

## MESES DEL AÑO

| | | |
|---|---|---|
| enero | january | Yanuari |
| febrero | february | FEbruari |
| marzo | march | march |
| abril | april | eipril |
| mayo | may | mei |
| junio | june | yun |
| julio | july | yuLAI |
| agosto | august | OGost |

| | | |
|---|---|---|
| septiembre | september | sepTEMber |
| octubre | october | ocTOUber |
| noviembre | november | noVEMber |
| diciembre | december | diCEMber |

**EJEMPLO:**

| | |
|---|---|
| ¿Qué fecha es hoy? | What's the date (*juats de* deit?) |
| Hoy es martes 14 de mayo | Today is tuesday, may 14. (TUdei is IUsdei, mei forTIN) |

# Expresiones relacionadas con el tiempo

| **Español** | **Inglés** | **Pronunciación** |
|---|---|---|
| ayer | yesterday | IESterdei |
| anoche | last night | last nait |
| la semana pasada | last week | last uik |
| el año pasado | last year | last ier |

| | | |
|---|---|---|
| hace dos horas | two hours ago | tu aurs ahO |
| hace cuatro días | four days ago | four deis agO |
| hace diez años | ten years ago | ten iers agO |
| hoy | today | tuDEI |
| esta mañana | this morning | dis MORning |
| esta tarde | this afternoon | dis afterNUN |
| esta noche | tonight | tuNAIT |
| a las ocho | at eight o'clock | at eir o clok |
| mañana | tomorrow | tuMOrrou |
| el año que viene | next year | next ier |
| la semana que viene | next week | next uik |
| el próximo mes | next month | next monz |

# Estaciones del año

| Español | Inglés | Pronunciación |
|---|---|---|
| primavera | spring | spring |
| verano | summer | S*U*mer |
| otoño | autumm<br>fall | ot*u*m<br>fol |
| invierno | winter | UINter |

# Questions & phrases

Do you get up early?

Yes, I do — No, I don't.

Does he/she take a shower every day?

Yes, he/she does — No, he/she doesn't

Do you have eggs for breakfast?

Yes, we do — No, we don't

Who works in a bookstore?

My husband works in a bookstore.

Who takes the children to school?

Sometimes I do. — Sometimes my husband does.

What do the children do on Thursdays?
They have sports practice on Thursdays.

I get up at seven o'clock every day.

My sister gets up at ______________.

I take a shower every day.
Then I get dressed

My children get dressed to go to school.

I serve breakfast at a quarter past eight.

We have scrambled eggs for breakfast.

I take the children to school on Monday, Tuesday and Wednesday.

My husband takes the children to school on Thursday and Friday.

The children don't go to school on Saturday and Sunday.

My husband leaves the house at eight thirty.

He starts work at nine o'clock.

He works in a bookstore.

We have lunch together on Sundays.

I go to work by bus, my husband takes the subway.

I pick up the children at two o'clock on Monday, Wednesday and Friday.

The children have sports practice on Tuesday and Thursday.

My husband picks up the children at five o'clock on Tuesday and Thrusday

We have dinner at about seven o'clock.

The children go to bed early.

My husband and I go to bed late.

# Qué hacer en horas de descanso

I usually  read a book after dinner.

My husband always watches football games on TV during the weekend.

The children sometimes play video games after school.

We normally listen to the radio in the afternoon.

We never go out after nine p.m.

# EL TELÉFONO

| **Español** | **Inglés** | **Pronunciación** |
|---|---|---|
| Telefonear | to telephone | (tu TELefoun) |
| Hacer una llamada | to make a call | (tu meik *e* col) |
| Levantar la bocina | pick up the receiver | (pik up *de riSIver)* |
| Marcar un número | dial a number | (daial *e NUMber)* |
| Esperar | wait | (ueit) |
| Escuchar | hear | (*j*ier) |
| Cortar | cut | *(kut)* |
| Colgar | hang up | (jang up) |
| Hacer una llamada de larga distancia | make a long distance call | (meik *e* long disTANS col) |
| Aceptar los cargos | accept the charges | (akCEPT de charyes) |
| Recibir | receive | (riSIV) |
| Usar | use | (ius) |

| | | |
|---|---|---|
| Costar | cost | (cost) |
| Teléfono | telephone | (TELefon [foun]) [phone] |
| Auricular | receiver | (riSIver) |
| Cable | wire | (uair) |
| Tono para marcar | dial tone | (daial toun) |
| Número | number | (NUMber) |
| Directorio | directory | (diREKtori) |
| Cuenta del teléfono | telephone bill | (TELefon bil) |
| Teléfono público | public telephone | (PUBlic TELefon) |
| Operador(a) | operator | (OpeREItr) |
| Larga distancia | long distance | (long DIStans) |
| Llamada por cobrar | collect call | (coLECKT col) |
| La línea está ocupada | the line is busy | (*de* lain is bisi) |

Si hablas a la Compañía de Teléfonos, te pueden ser útiles estas frases:

| | |
|---|---|
| Quiero tener un teléfono. | I want to get a telephone. (ai uant to get a TELefon) |
| ¿Cuándo lo instalan? | When will you install it? (juen uil iu insTOL it?) |
| Ya pagué mi cuenta. | I already paid my bill. (ai olREdi peid mai bil) |
| No corte el servicio, por favor. | Please don't cut fue service. (plis dount cut *de* SERvis) |
| Mi teléfono no funciona. | My telephone isn't working. (mai TELefon isnt UORking) |
| ¿Cuándo pueden repararlo? | When can you repair it? (*j*uen can iu riPAIR it?) |

Si quieres hacer una llamada telefónica, estas frases te podrían ayudar:

| | |
|---|---|
| ¿Dónde hay un teléfono público? | Where is a pay phone? (*j*uers *e* pei foun?) |

| | |
|---|---|
| ¿Puedo usar el teléfono? | May I use the phone? (mei ai ius *de* foun?) |

Estas frases pueden serte útiles al hablar con una operadora de la compañía de teléfonos:

| | |
|---|---|
| Quiero hacer una llamada por cobrar | I want to make a collect call. (aiuant tumeike coLECT col.) |
| Yo tenía el número equivocado | I had a wrong number (aijad *e* rong NUMb*e*r) |
| Deme el área para _____, por favor. | Please give me the area number for _____. (plis, giv mi *de* erea NUMber for _____.) |
| Por favor deme el número telefónico de________. | Please give me the phone number of ________. (plis giv mi *defoun* NUMber of ______.) |

Las siguientes frases le ayudarán a hacer y a contestar llamadas telefónicas:

| | |
|---|---|
| ¿Puedo hablar con con ________? | May I speak to to ________? (mei ai spik tu _____?) |
| No está aquí. | He (She) is not here. (Ji [shi] is notjiir.) |
| Regresará en una hora. | He (she) will be back in an hour. (Ji [shi]uil bi bak in an aur) |
| ¿Puedo tomar el saje? | Can I take the men-message? (can ai teik *de* MESiy) |
| ¿Quién habla? | Who's calling? (jus COLing?) |

# Diálogo

## Cómo contestar el teléfono

*aquí no hay pronunciación, practica y recuerda

| | |
|---|---|
| Hola | Hello? |

| | |
|---|---|
| Gracias por llamar, Librería Gordon, habla Julia, ¿puedo ayudarle? | Thank you for calling Gordon's Bookstore, Julia speaking, how can I help you? |
| Oficina del doctor________ | Doctor ______'s office. |

## Para presentarte

| | |
|---|---|
| Hola Andrea, soy Laura | Hi Andrea. It's Laura calling. |
| Hola, habla Juanita Méndez | Hello, this is Juanita Méndez calling. |
| Hola, soy Gloria del consultorio del doctor. | Hi, it's Gloria from the doctor's office. |
| Habla ella. | This is she. |
| Soy yo. | Speaking. |

## Cómo preguntar por alguien

| | |
|---|---|
| ¿Está Lupita? | Is Lupita in? |
| ¿Está ahí Carlos? | Is Carlos there, please? |

| | |
|---|---|
| ¿Puedo hablar con tu hermana? | Can I talk to your sister? |
| ¿Puedo hablar con el señor González, por favor? | May I speak with Mr. González, please? |
| ¿Se encuentra el doctor? | Would the doctor be in? |

## Para pasar una llamada

| | |
|---|---|
| Un segundo. Voy a buscarlo. | Just a second. I'll get him. |
| Espera un segundo. | Hang on one second. |
| Por favor espere, lo comunico a su oficina. | Please hold and I'll put you through to his office. |
| Un momento, por favor. | One moment please. |

## Para pedir algo

| | |
|---|---|
| ¿Puede repetir eso? | Could you please repeat (riPIT) that? |

| | |
|---|---|
| ¿Podría deletrearme eso? | Would you mind spelling that for me? |
| ¿Podría hablar un poco más fuerte, por favor? | Could you speak a little louder [laudr] please? |
| ¿Podría hablar un poco más despacio por favor? Mi inglés no es muy bueno. | Can you speak a little slower please. My English isn't very good. |
| ¿Puede volver a llamarme? Creo que mi conexión es mala | Can you call me back? I think we have a bad connection. |
| ¿Puede esperar un un minuto? Tengo otra llamada. | Can you please hold for a minute? I have another call. |

## TOMANDO RECADOS

| | |
|---|---|
| Silvia no está, ¿quién llama? | Silvia's not in. Who's this? |
| Los siento, Luis no está por el momento, ¿puedo saber quién habla? | I'm sorry, Luis is not here at the moment. Can I ask who's calling? |

| | |
|---|---|
| Creo que no está aquí. ¿Quiere dejarle un recado? | I'm afraid he is not here. Would you like to leave a message? |
| Salió a comer en este momento. ¿Quién habla, por favor? | He's having lunch right now. Who's calling please? |
| Está ocupado por el momento. ¿Podría llamerle más tarde | He's busy [bisi] right now. Can you call again later? |
| Le diré que llamaste. | I'll let him know you called. |
| Me aseguraré de que reciba el mensaje | I'll make sure she gets the message [MEsiy]. |

## Dejando recados

| | |
|---|---|
| Sí, soy Martha de la librería Gordon. ¿Cuándo cree que regrese? | Yes, it's Martha from Gordon's Bookstore. When do you expect her back? |
| Sí, dígale que llamó su esposa, por favor. | Yes, can you tell him his wife called, please. |

| | |
|---|---|
| No, está bien, llamo más tarde. | No, that's okay, I'll call back later. |
| Gracias, ¿puede decirle que le llame a Rosario cuando regrese? | Thanks, could you ask him to call Rosario when he gets in? |
| Permítame darle mi número telefónico. | Let me give you my number. |
| Gracias. Mi teléfono es 555-4565, extensión 87. | Thanks. My number is 555-4565, extension 87. |

## Para confirmar datos

| | |
|---|---|
| Muy bien, lo anoté todo | Okay, I've got it all down. |
| Se lo repito para estar seguros. | Let me repeat [riPIT] that just to make sure. |
| ¿Dijo Avenida Franklin 465? | Did you say 465 Franklin Avenue? |
| Dices que tu nombre es Víctor, ¿correcto? | You said your name was Victor, right? |

| | |
|---|---|
| Me aseguraré de que reciba el mensaje | I'll make sure he gets the message [MEsiy]. |

## Cómo dejar recado en la contestadora

| | |
|---|---|
| Hola Miguel, soy Yolanda. ¡Llámame! | Hi Miguel. It's Yolanda. Call me! |
| Hola, soy Ricardo y busco a Luis. Regresa mi llamada lo antes posible. Mi teléfono es 543-6785. Gracias | Hello, this is Ricardo calling for Luis. Could you please return my call as soon as possible. My number is 543-6785. Thank you. |
| Hola Max, soy Marina llamando de la librería. Quería decirte que ya tenemos el libro que querías leer. Llama en cuanto puedas. | Hello Max. This is Marina from the library calling. I just wanted to let you know that we have the book you wanted to read. Please give us a ring whenever it's convenient. |

## PARA FINALIZAR

### UNA LLAMADA

| | |
|---|---|
| Bueno, mejor me voy. Te llamo pronto. | Well, I guess I better get going. Talk to you soon. |
| Gracias por llamar. Adiós por el momento. | Thanks for calling. Bye for now. |
| Ya tengo que colgar. | I have to let you go now. |
| Tengo otra llamada. Te llamo más tarde. | I have another call. I'll call you later. |
| Te llamo pronto. Adiós. | I'll talk to you again soon. Bye. |

UNA FIESTA

# Estoy preparando una fiesta – Preparing a party

| Español | Inglés | Pronunciación |
|---|---|---|
| Tengo que | I have to | Ai hav tu |
| hacer una lista de invitados | make a guest list | meik e guest list |
| Elegir la fecha | Choose the date | Chus de dait |
| Elegir el tema | Choose the theme | Chus the zim |
| Hacer invitaciones | Make invitations | Meik inviTEIshens |
| Decorar la casa | Decorate the house | DekoREIT de jaus |
| Elegir un menú | Choose a menu | Chus e menú |
| Ir de compras | Shop for the food | Shop for de fud |

| | | |
|---|---|---|
| Preparar la comida | Prepare the food | Prepare de fud |
| Atender a mis invitados | Entertain my guests | entrTEIN mai guests |
| Divertirme | Have fun | Jav fen |

# Juegos para fiestas – Games for parties [geims for PARtis]

### A GAME FOR CHILDREN

| **Español** | **Inglés** | **Pronunciación** |
|---|---|---|
| Hay paletas en una mesa en medio del cuarto. | There are some lollipops on the table in the center of the room | der ar som LALipaps on de teibl in de SENtr ov de rum |
| (Si hay diez niños, pones | (If there are ten children | if der ar ten children, iu |

| | | |
|---|---|---|
| nueve paletas). | you put nine lollipops). | put nain lolipops |
| La música suena y ustedes caminan alrededor de la mesa. | The music plays and you walk around the table. | de MIUsik pleis and iu uok aRAUND de teibl. |
| Cuando la música deje de tocar, cada uno agarra un gorrito. | When the music stops each one of you grabs a hat. | juen de MIUsik stops, ich uan ov iu grabs e jat. |
| El que no agarre un gorrito pierde. | The one who does not grab a hat is out. | de uan ju des nat grab e jat aut. |

En lugar de paletas (lollipops) o gorritos (jats) puedes usar:

| | | |
|---|---|---|
| Juguetes pequeños | Small toys | Smol tois |

| | | |
|---|---|---|
| Pelotas | Balls | Bols |
| Gorritos de fiesta | Party hats | PARti jats |

## A GAME FOR TEENAGERS

| | | |
|---|---|---|
| Se sientan en un círculo. | Sit in a circle. | Sit in e SERkl. |
| Uno de ustedes se para en el centro del circulo y dice: | One of you stands in the center of the circle and says: | uan ov iu stands in de SENtr ov de SERkl and ses: |
| Llamada para todos los que tienen un reloj. | Call for all who have a watch. | kol for ol ju jav e uach. |
| Todos los que tienen un reloj se ponen de pie y cambian sillas con alguien más que tiene un reloj. | All those who have a watch stand up and switch chairs with someone else who has a watch. | ol douse ju jav e uach stand ep and suich chers wiz somuan else ju jas e uach. |

| | | |
|---|---|---|
| No pueden sentarse en su propia silla ni en la que está al lado. | Players cannot sit in their own chair or in a chair immediately beside them. | Pleyrs cannot sit in deir oun cher or in e cher iMIdiatli biSAID dem. |
| El que está en el centro trata de ganar una silla. | The person in the middle tries to get a chair. | de PERson in de midl trais tu get e cher. |
| El que no gane una silla pierde. | The one who does not get a chair is out. | de uan ju des not get a cher is aut. |
| Ahora otra persona se para en el centro del círculo. | Now somebody else stands in the center of the circle. | Nau somebadi els stands in de SENtr ov de SERkl. |

Opciones: en lugar de "have a watch" (tiene un reloj) puedes usar lo que se te ocurra, por ejemplo:

| | | |
|---|---|---|
| Trae puesto algo verde | Is wearing green | Is uering grin |
| Tiene un gato | Has a cat | jas e cat |
| Le gusta el helado | Likes ice cream | Laiks ais crim |

## A GAME FOR ADULTS

| | | |
|---|---|---|
| Antes del juego | before the game | biFOR de geim |
| Haz tarjetas con temas como "cine", "televisión", "libros", "ocupaciones". | Make cards with topics, like "movies", "TV" "books" "occupations" | Meik kards uid TApics, laik "muvis", "ti vi" "buks" "okiuPAIshuns" |
| Si es posible, consigue una pizarra y gises | If possible, get a chalkboard | If PASibl, get a chokbord and chok tu dro. |

| | | |
|---|---|---|
| (tiza) o plumones para dibujar. | and chalk to draw. | |
| Consigue un cronómetro. | Get a kitchen timer or a chronometer. | Get e kitchen taimr or e kroNOmetr. |

# Cómo jugar – How to play [jau tu plai]

| | | |
|---|---|---|
| Necesitamos dos equipos y un réferi. | We need two teams and a referee. | ui nid tu tims and e REferi. |
| Los equipos se turnan para dibujar y adivinar. | The teams take turns at drawing and guessing. | de tims taik terns at droing and guesing. |
| El otro equipo le dice a un miembro de tu equipo lo que debe dibujar. | The other team tells one member of your team what to draw. | di ODer tim tels uan MEMbr ov iur tim juat tu dro. |

| | | |
|---|---|---|
| Él o ella dibuja y ustedes adivinan lo que dibujó. | He or she draws and you guess what he or she is drawing. | ji or shi dros and iu gues juat ji or shi is droing. |
| Tienen dos minutos para adivinar. | You have two minutes to guess. | iu jav tu MINets tu gues. |
| Si no pueden adivinar en dos minutos, pierden un punto. | If you can't guess in two minutes you miss a point. | If iu kant gues in tu MINets iu mis e point. |
| El equipo que tenga más puntos gana. | The team that has more points wins. | de tim dat jas mor points uins. |

# EL EMPLEO

## SI VAS A BUSCAR TRABAJO

| | |
|---|---|
| Estoy buscando trabajo. | I'm looking for a job. (aim LUking for *a* yob) |
| ¿Puedo llenar una solicitud? | May I fill in an application? (mei ai fil in an apliKEIshon?) |
| Tengo experiencia. | I have experience. (aijav exPIriens) |
| No tengo experiencia. | I have no experience. (aijav nou exPIriens) |
| Puedo trabajar de noche. | I can work at night. (ai can uork at nait) |
| Puedo trabajar el fin de semana. | I can work on weekends. (ai can uork on UIKends) |
| Tengo mi tarjeta verde. | I have my green card. *(aijav* mai grin card) |

| | |
|---|---|
| No tengo mi tarjeta verde. | I don't have my green card. (ai *dountjav* mai grin card) |
| Tengo seguro social. | I have social security. (aijav SOUshal seKIUriti) |
| No tengo seguro social. | I don't have social security. (aí dountjav SOUshal seKIUriti) |
| Haré un buen trabajo. | I'll do a good job. (ail du *a* gud yob) |
| ¿Cuánto pagan? | How much is the pay? (jau much is *de* pei?) |

## LA SOLICITUD DE EMPLEO

Si te piden que llenes una solicitud de empleo (application form), es conveniente que sepas las siguientes frases y palabras:

| | | |
|---|---|---|
| Apellido | last name | (last neim) |
| Nombre | first name | (ferst neim) |
| Otros | middle name | (midl neim) |

nombres

| | | |
|---|---|---|
| Fecha | date | (deit) |
| Masculino | male | (meil) |
| Femenino | female | (fiMEIL) |
| Estado civil | marital status | (MArital *STAtus)* |
| Soltero(a) | single | (singl) |
| Casado(a) | married | (MArid) |
| Divorciado(a) | divorced | (diVORST) |
| Familiares | relatives | (rellativs) |
| Solicitante | applicant | (APlikant) |
| Ciudadano | citizen | (SItisen) |
| Dirección | adress | (*a*DRES) |
| Calle | street | (strit) |
| Ciudad | city | (siti) |
| Estado | state | (steit) |
| Código postal | zip code | (sip coud) |
| Código de área | area code | (Erea coud) |
| Seguro social | social security | (SOUshal seKIUriti) |
| Empleado | employee | (EMplo*yi*) |

| | | |
|---|---|---|
| Empleador | employer | (emPLOi*er*) |
| Escuela primaria | elementary school | (eleMENtri skul) |
| Secundaria | junior high | (**Y**unier *j*ai skul) |
| Preparatoria | high school | (*j*ai skul) |
| Escuela superior | college | (KOliy) |
| Universidad | university | (iuniVERsiti) |
| Entrenamiento | training | (TRElning) |
| Habilidades | skills | (skils) |
| Seguro de de vida | life insurance | (laif inSHUrans) |
| Seguro médico | medical insurance | (MEDicl inSHUrans) |
| Salario | salary | (SAleri) |
| Gerente | manager | (MANeyer) |
| Por hora | hourly | (AURli) |
| Por semana | weekly | (UIKli) |
| Por mes | monthly | (MONdli) |
| Tiempo extra | overtime | (OUVer taim) |
| Firma | signature | (SIGnachur) |

## FRASES ÚTILES:

| | |
|---|---|
| Trabajo en una granja avícola. | I work at a poultry farm. (ai uork at e POLtri fann) |
| Roberto trabaja en una granja avícola. | Roberto works at a poultry farm. (ROBert uorks at a POLtri farm) |

Puede variar esta frase para referirse a otras personas y otros tiempos, por ejemplo:

## PASADO:

| | |
|---|---|
| ¿Cuándo trabajaste en la granja? | When did you work at the farm? (juen did iu uork at *de* farm) |
| Trabajé en la granja hace dos años. | I worked at the farm two years ago. (ai uorkt at de farm tu iers aGOU). |
| ¿Cuándo trabajó Abel en la granja? | When did Abel work at the farm? (juen did Abel uork at *de* farm) |

| | |
|---|---|
| Trabajó en la granja el año pasado. | He worked at the farm last year. (J*i* uorkt at de farm last ier.) |
| Los muchachos no trabajaron en la granja. | The boys didn't work at the farm. (*de* bois didnt uork at *de* farm.) |

**FUTURO:**

| | |
|---|---|
| ¿Trabajarás en la granja? | Will you work at the farm? (uil iu uork at *de* farm?) |
| Si. | Yes, I will. (ies ai uil) |
| No. | No, I won't. (nou ai uont) |
| Voy a trabajar | I'm going to work |
| en la granja. | at the farm. (aim going tu uork at *de* farm.) |
| Vamos a trabajar en la granja. | We're going to work at the farm.(uir going tu uork *at de* farm.) |

| | |
|---|---|
| Luis va a trabajar en la granja. | Luis is going to work at the farm. (Luis is going tu uork *at de* farm) |
| Vamos a instalar un comedero nuevo. | We're going to install a new feeding trough. (uir going tu insTAL a niu FIDing trof) |

Puede variar esta frase para referirse a otras cosas. Por ejemplo:

| | |
|---|---|
| Voy a limpiar el abrevadero. | I'm going to clean the drinking trough. (aim going tu clin de DRINking trof) |
| Van a comprar jaulas. | They're going to buy cages. (deir going tu bai KEIyes.) |

**PRESENT PERFECT:**

| | |
|---|---|
| ¿Has trabajado en granjas? | Have you worked at farms? (jav iu uorkt at farms) |

| | |
|---|---|
| Sí. | Yes, I have. (ies, aijav) |
| No. | No, I haven't. (nou, ai javnt) |
| ¿Ha trabajado él en granjas? | Has he worked at farms? (jas ji uorktat farms) |
| Sí. | Yes, he has. (ies, ji jas) |
| No. | No, he hasn't. (nou, ji jasnt) |
| ¿Han trabajado en granjas? (ellos) | Have they worked at farms? (jav dei uorkt at farms) |
| Sí. | Yes, they have. (ies, dei jav) |
| No. | No, they haven't. (nou, dei javnt) |

# Mesera — Waitress (ueitres)

| Español | Inglés | Pronunciación |
| --- | --- | --- |
| 1. mostrador | counter | (CAUNter) |
| 2. cafetera | coffee machine | (KOFi maSHIN) |
| 3. repostero | pastry cook | (PEIStri kuk) |
| 4. estante de periódicos | newspaper rack | (nius PEIpr rak) |
| 5. mesera | waitress | (UIETres) |
| 6. bandeja (charola) | tray | (trei) |
| 7. botella | bottle | (botl) |
| 8. vaso | glass | (glas) |
| 9. limonada | lemonade | (LEMoNEID) |
| 10. taza de café | cup of coffee | (cup of KOfi) |
| 11. señor | gentleman | (YENTLman) |
| 12. señora | lady | (leidi) |
| 13. periódico | newspaper | (nius PEIper) |

1 counter

2 coffee machine

3 pastry cook

4 newspaper rack

5 waitress

6 tray

7 bottle

8 glass

9 lemonade

10 cup of coffee

11 gentleman

12 lady

13 newspaper

14 ice cream

15 beer mug

16 beer froth

17 ashtray

18 shelf

| | | |
|---|---|---|
| 14. helado | ice cream | (ais crim) |
| 15. tarro de cerveza | beer mug | (bir mug) |
| 16. espuma de la cerveza | beer froth | (bir froz) |
| 17. cenicero | ashtray | (ash trei) |
| 18. estante | shelf | (shelf) |
| 19. vasos | glasses | (GLASes) |
| 20. postre | dessert | (diSERT) |
| 21. carta | menu | (meniu) |
| 22. vaso de agua | glass of water | (glas *ofUATer)* |
| 23. jefe de meseros | head waiter | (jed UElter) |
| 24. cubitos de hielo | ice cubes | (ais kiubs) |
| 25. servilleta | napkin | (NAPkin) |
| 26. plato de ensalada | salad plate | (SALad pleit) |
| 27. aderezo para ensalada | salad dressing | (SALad DRESing) |
| 28. queso | cheese | (chiis) |

19 glasses
20 dessert
21 menu
22 glass of water
23 head waiter
24 ice cubes
25 napkin
26 salad plate
27 salad dressing
28 cheese
29 fish
30 meat with trimmings
31 chicken
32 fruit
33 juice
34 mineral water
35 cash desk
36 cashier
37 salt cellar
38 pepper pot

| | | |
|---|---|---|
| 29. pescado | fish | (fish) |
| 30. carne con guarnición | meat with trimmings | (mit uiz TRlmings) |
| 31. pollo | chicken | (Chiken) |
| 32. fruta | fruit | (frut) |
| 33. jugo | juice | (yus) |
| 34. agua mineral | mineral water | (MINeral UATer) |
| 35. caja | cash desk | (cash desk) |
| 36. cajera | cashier | (kaSffiIR) |
| 37. salero | salt cellar | (solt SELer) |
| 38. pimentero | pepper pot | (pePER pot) |

## FRASES ÚTILES:

| | |
|---|---|
| ¿Están listos para ordenar? | Are you ready to order? (ar iu redi tu *arder)* |
| ¿Puedo ver el menú? | May I see the menu? (mei ai si *de* menú) |
| ¿Qué le gustaría ordenar? | What would you like to order? (juat wud iu laik tu order? |

| | |
|---|---|
| Me gustaría_____. | I'd like _____. (aid laik _____) |
| ¿Qué tipo de aderezo desea? | What kind of dressing would you like? (juat kaind of DRESing uud iu laik) |
| ¿Qué tipo de helado va a tomar? | What kind of ice cream will you have? (juat kaind of ais crim uil iujav) |
| Tomaré de vainilla, por favor. | I'll have vanilla, please. (ailjav vaNIla, plis) |
| ¿Qué bebida va a querer? | What will you have to drink? (juat uil iu hav tu drink) |
| Café. | I'll have coffee. (ail hav COFi) |
| ¿Desea algo más? | Would you like anything else? (uud iu laik enizing els) |

| | |
|---|---|
| Sí, gracias. Quisiera un vaso de agua. | Yes, thank you. I'd like a glass of water. (ies, zank iu. Aid laik e glas ofuoter) |
| No, Gracias. | No, thanks. (nou, zanks) |

## Modista — Dressmaker (dresmeiker)

| Español | Inglés | Pronunciación |
|---|---|---|
| 1. modista(o) | dressmaker | (dres MEIker) |
| 2. sastre | tailor | (TEIlor) |
| 3. costurera | seamstress | (SIMStres) |
| 4. cinta métrica | tape measure | (teip MESHur) |
| 5. aguja | needle | (NIDle) |
| 6. alfiler | pin | (pin) |
| 7. bolsa | pocket | (POKet) |
| 8. carrete | spool | (spul) |
| 9. costura | seam | (sim) |
| 10. puntadas | stitches | (STIches) |

1 dressmaker

2 tailor

3 seamstress

4 tape measure

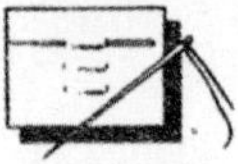
5 needle

6 pin

7 pocket

8 spool

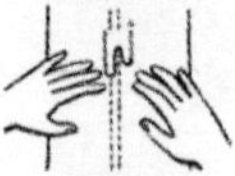
9 seam

10 stitches

11 collar

12 thimble

13 hem

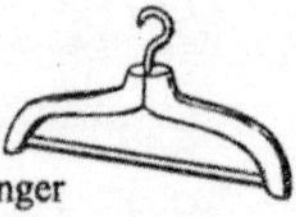
14 hanger

15 fabric

16 button hole

17 cutting shears

18 cutting table

19 sewing machine

20 thread

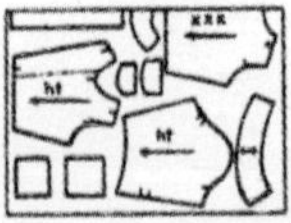
21 pattern

22 button

23 steam iron

| | | |
|---|---|---|
| 11. cuello | collar | (KOLar) |
| 12. dedal | thimble | (ZIMbl) |
| 13. dobladillo | hem | (jem) |
| 14. gancho | hanger | (JANguer) |
| 15. tela | fabric | (FABrik) |
| 16. ojal | button hole | (BUTn joul) |
| 17. tijeras de corte | cutting shears | (CUTing shiirs) |
| 18. mesa de corte | cutting table | (CUTing teibl) |
| 19. máquina de coser | sewing machine | (soing maSHIN) |
| 20. hilo | thread | (zred) |
| 21.patrón | pattern | *(PATern)* |
| 22. botón | button | (BUTn) |
| 23. plancha de vapor | steam iron | (stim airon) |

## FRASES ÚTILES:

| | |
|---|---|
| La costurera está cosiendo un ojal. | The searnstress is sewing a button hole. *(de* SIMStres is SOing *a BUTnjoul)* |

Puede variar este enunciado utilizando el vocabulario que se da arriba. Por ejemplo:

| | |
|---|---|
| La modista está cortando una falda. | The dressmaker is cutting a skirt. *(de* dres MA1Ker is CUTing *a* skirt) |
| La costurera está usando un dedal. | The searnstress is using a thimble. *(de* S1MStres is UISing *a* Z1Mbl) |
| Estoy trabajando en la máquina de coser. | I'm working on the sewing machine. (aim UORKing on *de* SOing maSHIN) |
| Estás trabajando en la mesa de corte. | You're working at the cutting table. (uir UORking at *de* CUTing teibl) |

También puede variar las frases para referirse al pasado.

| | |
|---|---|
| La modista estaba cortando una falda. | The dressmaker was cutting a skirt. *(de* |

| | |
|---|---|
| | dres MAIKer uas CUTing *a* skirt) |
| La costurera estaba usando un dedal. | The seamstress was using a thimble. *(de* SIMStres uas UISing *a* ZIMbI) |
| Estaba yo trabajando en la máquina de coser. | I was working on the sewing machine. (ai uas UORKing on *de* SOing maSHIN) |
| Estabas trabajando en la mesa de corte. | You were working at the cutting table. (ui uer UOURKing at *de* cuting teibl) |
| Las costureras estaban corando patrones | The seamstresses were cutting patterns. (de SIMStreses uer cuting *PATerns)* |

# Estilista — Hairdresser (jeir dreser)

| Español | Inglés | Pronunciación |
|---|---|---|
| 1. salón de belleza | beauty parlor | (biuti PARIr) |
| 2. tinte para el pelo | hair color | (jeir COlor) |
| 3. cepillo para el cabello | hair brush | (jeir brush) |
| 4. rizador | curler | (KERler) |
| 5. peine | comb | (com) |
| 6. pinza para el cabello | hair clip | (jeir klip) |
| 7. espejo | mirror | (mirer) |
| 8. secador | drier | (DRAIer) |
| 9. instalación de lavado | shampoo unit | (shamPU (IUNit) |
| 10. mesita de servicio | service tray | (SERvis trei) |
| 11. peluca | wig | (uig) |

| | | |
|---|---|---|
| 12. máquina eléctrica para cortar el cabello | electric clippers | (eLEKtric *KLIpers)* |
| 13. tijeras | scissors | (SISors) |
| 14. tijeras para entresacar el cabello | thinning scisors | (zining SISors) |
| 15. cabello lacio | straight hair | (streit jeir) |
| 16. cabello rizado | curly hair | (curli jeir) |
| 17. cabello corto | short hair | (short jeir) |
| 18. cabello largo | long hair | (long jeir) |
| 19. pelo suelto | hair wom loose | (jeir uom lus) |
| 20. coleta | pigtail | (pig teil) |
| 21. peinado | hair do | (jeir du) / |
| | hair style | (jeir stail) |
| 22. cola de caballo | pony tail | (POUni teil) |
| 23. trenzas | braids | (breids) |

| | | |
|---|---|---|
| 24. cabello recogido hacia atrás | swept back hair | (suept bakjeir) |
| 25. fleco | bangs | (bangs) |
| 26. raya en medio | center parting | (CENter PARTing) |
| 27. raya al lado | side parting | (said PARTing) |

# Asistente de oficina — Office assistant (ofis asistent)

| **Español** | **Inglés** | **Pronunciación** |
|---|---|---|
| 1. archivo | file cabinet | (fail KABinet) |
| 2. calendario | calendar | (KALender) |
| 3. conmutador | switchboard | (SUICHbord) |
| 4. máquina de escribir | typewriter | (taip RAITer) |

| | | |
|---|---|---|
| 5. teclado | keyboard | (ki bord) |
| 6. block de taquigrafia | shorthand pad | (SHORTjand pad) |
| 7. calculadora | calculator | (KALkiuLEItr) |
| 8. carta comercial | business letter | (BISnes letr) |
| 9. sillón | swivel chair | (suivl cheir) |
| 10. escritorio | desk | (desk) |
| 11. agenda | appointrnent book | (aPOlNTment buk) |
| 12. lámpara de escritorio | desk lamp | (desk lamp) |
| 13. teléfono | telephone | (TELefoun) |
| 14. auricular | receiver | (riSIver) |
| 15. armario | cabinet | (KABinet) |
| 16. caja fuerte | safe | (seif) |
| 17. mesa de reuniones | conference table | (KONfrens teibl) |
| 18. computa-dora | computer | (comPIUtr) |
| 19. engrapa-dora | stapler | (STEIpler) |

1 file cabinet
2 calendar
3 switchboard
4 typewriter
5 keyboard
6 shorthand pad
7 calculator
8 business letter
9 swivel chair
10 desk
11 appointment book
12 desk lamp
13 telephone
14 receiver
15 cabinet
16 safe
17 conference table

| | | |
|---|---|---|
| 20. regla | ruler | (RULer) |
| 21. oficinista | clerk | (clerk) |
| 22. cliente | customer | (KUStomer) |
| 23. fichero | card index | (card INDex) |
| 24. mecanó-grafa | typist | (TAIPist) |
| 25. secretaria | secretary | (SEcreTAri) |
| 26. jefe | boss | (bos) |
| 27. ejecutivo | executive | (ekSEciutiv) |
| 28. gráfica de estadística | statistics graph | (staTIStics graf) |
| 29. papelera | waste paper basket | (ueist PEIper basket) |

## FRASES ÚTILES:

| | |
|---|---|
| ¿Puedes operar el (la) ______? | Can you operate the______? (can iu OpeREIT de ______? |
| Tengo experiencia como ______. | I have experience as a ______. (aj av exPIRiens as *e* ____. |

| | |
|---|---|
| La secretaria está archivando cartas. | The sccretary is filing letters. (de SECretri isFAlling LETers) |
| Las mecanógrafas están escribiendo reportes. | The typists are typing reports. (de TAIpists ar TAIping riPORTS) |
| Los ejecutivos están en la sala de juntas. | The executives are in the conference room. (di eXEcuitivs ar in *de* CONferens rum) |
| ¿Qué estás haciendo? | What are you doing? Guat ar iu duing) |
| Estoy trabajando en computadora. | I'm working at the la computer. (aim uorking *at de* comPIUter) |

## TÍTULOS DE ESTA COLECCIÓN

Inglés para enamorar

Inglés para la ciudadanía

Inglés para la mujer

Inglés para la vida diaria

Impreso en Offset Libra

Francisco I. Madero 31

San Miguel Iztacalco,

México, D.F.